金融学越简单越实用

张卉妍 编著

中国华侨出版社
北京

图书在版编目（CIP）数据

金融学越简单越实用/张卉妍编著. -- 北京：中国华侨出版社, 2018.3（2018.11 重印）

ISBN 978-7-5113-7374-8

Ⅰ.①金… Ⅱ.①张… Ⅲ.①金融学—基本知识 Ⅳ.① F830

中国版本图书馆 CIP 数据核字（2018）第 015478 号

金融学越简单越实用

编　　著：张卉妍
出 版 人：刘凤珍
责任编辑：千　寻
封面设计：李艾红
文字编辑：史　翔
美术编辑：刘欣梅
插图绘制：圣德文化
经　　销：新华书店
开　　本：880mm×1230mm　1/32　印张：8　字数：160 千字
印　　刷：香河利华文化发展有限公司
版　　次：2018 年 3 月第 1 版　2019 年 6 月第 3 次印刷
书　　号：ISBN 978-7-5113-7374-8
定　　价：39.80 元

中国华侨出版社　北京市朝阳区静安里 26 号通成达大厦 3 层
邮编：100028
法律顾问：陈鹰律师事务所
发行部：（010）58815874　　传　真：（010）58815857
网　　址：www.oveaschin.com　　E-mail：oveaschin@sina.com

如果发现印装质量问题，影响阅读，请与印刷厂联系调换。

前言 PREFACE

当今社会，除非你的生活能够远离金钱，否则，不管你是否喜欢，人人都需要关注金融，不仅要关注国内的，还要关注国际的。说白了，金融的变化将直接关系到你我钱包的大小。于是，有关普通百姓如何应对通货膨胀，货币、金融问题的根本，以及美元贬值策略、中国企业转型迫在眉睫、人民币走向国际等系列话题，都成了街头巷尾的谈资。

法国哲学家狄德罗说，人们谈论最多的事情，往往是最不熟悉的事情。金融也许就是这样，它不仅在历史的长河中主宰着各国的兴衰变迁，同时也在现实生活中与我们如影随形。可以说，我们的生活时刻被金融学的影子所萦绕，日常生活的点点滴滴都与金融学有着或远或近的关系，每一件小事背后其实都有一定的金融学规律和法则可循，这是一个金融的世界，人人难以置身其外。经济全球化是历史发展的必然趋势，中国无法置身于外。我们既要参与国际游戏，享受全球化带来的好处，又要注意防范国际游戏的风险和陷阱。这就要求我们必须熟悉和掌握国际游戏的规则。毋庸置疑，历史上任何一个国家的兴衰变迁，都离不开金融的力量，一切国际大事件的背后都蕴含着这样一个真理——金融在改变国家的命运。

人类已经进入金融时代、金融社会，金融无处不在并已形成一个庞大体系，金融学涉及的范畴、分支和内容非常广，如货币、证券、银行、保险、资本市场、投资理财、各种基金（私募、公募）、财政管理、贸易金融、地产金融、外汇管理等。金融学尽管主宰着大国的命运，渗透到了我们生活当中的方方面面，但因为其专业性、学术性较强，并且需要精深的数学工具才能深悟其运行机理，所以一般读者很难剥去金融学复杂的表象。如何把博大精深、抽象难懂的金融学知识转化为通俗易懂的语言，如何让它从高深的学术殿堂上走下来、步入寻常百姓家，已成为人们期待解决的问题。

一本书读懂金融学，看懂世界金融。为了帮助广大普通读者轻松、愉快、高效地了解金融学知识，我们特意精心编写了这本金融学通俗读物——《金融学越简单越实用》。书中以金融学的基本结构作为骨架，以生活中的鲜活事例为血肉将金融学内在的深刻原理与奥妙之处娓娓道来，让读者迅速了解金融学的全貌，并学会用金融学的视角和思维观察、剖析种种金融现象，读懂国际热点事件背后蕴含的金融原理。读过本书，你就会发现，金融学一点儿也不枯燥难懂，是如此贴近生活、如此有趣。

目录 CONTENTS

第一章 我们生活在富饶的"金融时代"
——什么是金融学

越来越多的财富是金融活动创造的 1

金融治国,政府有钱不如民间富有 5

金融出问题了,对我们有什么影响 9

在现代社会里,金融盲无法生存 13

第二章 大家都在讲的CPI是什么
——每天学点金融学名词

国家经济状况的晴雨表:GDP 19

体现国家的经济水平:GNP 24

国家经济的"体温计":PPI 28

生活水平的衡量尺度:恩格尔系数 31

财富收入是否公平,基尼系数是标准 37

金融投资的风向标:道琼斯指数 42

金融学里的"不可能三角":三元悖论.........46

第三章 为什么贫者越贫,富者越富
——每天学点金融学原理

货币也会排斥异己的——劣币驱逐良币.........50
什么让你一夜暴富,或一夜破产——财务杠杆率..55
随大流是明智还是愚蠢——博傻理论.........59
贫者越贫,富者越富——马太效应.........63
不可违背的"太太定律"——市场意志原理.........68
"债务"跟着"资产"走——资本收腰术.........72

第四章 看透钱的本质,就了解了金融的真谛
——每天学点货币知识

货币的起源:谁人不识孔方兄.........78
货币功能:货币为什么能买到世界上所有的商品..84
纸币:货币的价值符号.........90
电子货币:"无脚走遍天下".........95

虚拟货币：Q币究竟是货币还是商品............99

第五章 格林斯潘调节金融的"利器"
——每天学点利率知识

利息：利息是怎样产生的............105
利率：使用资本的应付代价............109
复利：银行存款如何跑过CPI............113
负利率：利息收入赶不上物价上涨............119
利率风险：利率的变动带来哪些风险............123
利率市场化：把定权还给市场............129

第六章 雾里看花的金融市场
——每天学点金融市场知识

股票市场：狼和羊组成的金融生态............135
基金市场：让投资专家打理你的财富............141
黄金市场：黄金天然是货币............148
货币市场：一手交钱，另外一只手也交钱............154

保险市场：给未来拉上一根"安全绳" 160
证券市场：风云变幻的"大舞台" 165

第七章 谁在负责处理我们的钱
——每天学点金融机构知识

银行：金融界当之无愧的"大哥" 170
保险公司：无形保险有形保障 175
投资银行："为他人作嫁衣裳" 180
证券交易所：让证券持续不断地流通 185

第八章 调节宏观经济"看不见的手"
——每天学点金融调控与政策知识

宏观调控：看得见的物价，看不见的手 189
财政调控：国家履行经济职能的基础 194
金融调控：当亚当·斯密遇见凯恩斯 200
个人所得税：收入分配的调节器 203

利率政策:"四两拨千斤"的政策 208
货币政策:扩张好还是紧缩好 213
财政赤字:影响国家经济的债务 216

第九章 怎样让钱生钱,存银行还是投资
——每天学点个人理财知识

存款储蓄:最传统的理财方式 220
基金:安全而又稳定的投资 225
股票投资:选择一只成长股 229
黄金投资:用黄金挽救缩水的钱包 234
保险:以小博大的保险理财 239

我们生活在富饶的"金融时代"
——什么是金融学

越来越多的财富是金融活动创造的

财富是怎么创造出来的？我们说，有投入才有产出，产出就是财富。所有的产业都一样，包括农业、工业和服务业，都是以创造财富为目的的。在早期的农业社会，财富是粮食，是农作物；在工业社会，财富就是产品，生产出多少产品就是创造了多少财富；在服务业发达的今天，财富的创造逐渐从农业和制造业转移到服务业上，而服务业里面，创造财富最多的，莫过于金融业了。

财富被产生出来的标志就是用少量成本或者不用成本创造出更多价值来。这种所谓不花成本的东西，我们称之为生产要素，主要包括自然资源、劳动力以及资本。资本嘛，有些场合可以俗称钱。那么很显然，用钱生钱似乎比用其他两种要素生钱效率更

◇ 财富引擎——金融业 ◇

未来金融业将会是创造财富的主要动力。

股票分析师

>> 金融业,"钱生钱"的行业　　　　>> 金融业兴起,增加更多就业岗位

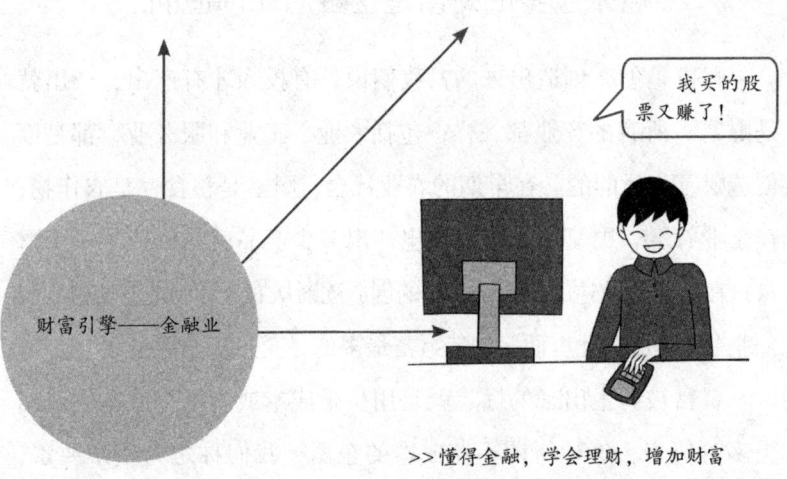

我买的股票又赚了!

>> 懂得金融,学会理财,增加财富

高，这就是金融业的作用。

那么，金融是怎么创造财富的呢？我们都知道，同样是钱，同样是财富，在不同的时间和不同的地点，它们带来的效益是不一样的。举个例子说，同样100块钱，对于一个富人来说可能毫不在意，随手丢了毫不放在心上；但是对一个穷人来说，100块钱很有用，也许可以为孩子买一罐奶粉，也许正好给年迈的父母买上一盒急用药，也许是家里好几天的买菜钱。这就是资金的效用不同。另外，相同的钱用在不同的地方带来的收益也完全不同。比如还是100块钱，有些人可能拿来买吃的，被消费掉了；而有些人则有可能拿来投资，放到股市里从而赚来更多的钱。那么金融就有这么一个作用，在没有金融的时候，人们钱多了只能储藏起来，而有金融系统以后，人们钱多了则有很多选择，可以放在银行里拿利息；可以放到证券市场上去投资，等待股息分红；可以购买保险、国债等。这些活动有一个共同的地方，就是有闲钱的人把暂时闲置的资金拿出来，同时还有一定的收益可能；而另外一些资金可能不足但是有大好商机的人就可以先利用这一笔钱去赚钱，给提供资金的人一些回报就行。当然，金融是有风险的，这个风险则是每个人都需要承担的。但是与风险相对应的就是收益，金融创造出的巨大财富吸引广大资金闲置者将剩余资金放到金融市场里，以便为自己创造更多的财富。

作为老牌的欧美强国英国，资产阶级革命以后，随着资本市场的逐渐发展，股票和债券市场也随之建立起来。英国政府借助债券市场的力量，以较低的利率筹集到大量资金，不仅满足了各项经费开支，还利用这些资金建立起了一支强大的军队。英国在股票市场上也很有作为，英国的企业在股票市场上筹集到企业运营所必需的资金，同时所有的股东都根据投资额度而享有相应的有限责任，因此许多投资者都能够积极参与到企业的发展中去，全心为企业的发展着想。

美国的金融市场更不必说，几乎可以这么说，美国的崛起与金融是密不可分的。美国的独立战争以及南北战争，也欠下了很多的战争债务。在独立战争之后，面对各种债务，财政部部长汉密尔顿很轻松地化解了这些难题，其途径其实特别简单，就是发行了三只新债，并且进行债务重组，除了化解债务危机之外，还为华尔街的兴起奠定了坚实基础。

华尔街所创造的财富自然不必在这里强调，几乎大部分资本都会跑到华尔街。这充分证实金融对财富创造的一个巨大贡献。另外，几乎人尽皆知的一个人物——"股神"巴菲特，他近600亿美元的资产几乎都是通过股市这一金融活动赚来的。再近一点说，我们的上海陆家嘴金融中心，那里林立的高楼中没有工厂，也不生产任何我们能看得见、摸得着的产品，但那些写字楼里坐着的，都是收入远远高于普通白领的有钱人。这些有钱人都是金融创造出来的，金融不只创造了巴菲特一个人，而是创造了千千万万拥有很多资产的人。

从个人来说，重要的就是个人理财。时间往前倒退二三十年，大部分人说起理财恐怕只有一个途径：存钱。而现在，很多人都知道投资理财有多种途径，鸡蛋不能放在一个篮子里。我们除了要规避投资风险，同样要注意储蓄的收益可能被通胀抵消，所以很多人会进行股票、债券、保险、国债、基金以及不同期存款搭配选择来进行资产的保值增值。这种选择很显然，全是在金融系统里运作。

所以说，如今的生活中，越来越多的财富是被金融创造出来的，金融在经济生活中的作用也越来越重要，我们每个人都应当越来越重视金融的作用，要更加深入地去了解和学习金融知识。当然，国家也必须加快金融制度建设、加快法制建设以促进金融业的发展。

金融治国，政府有钱不如民间富有

人们常说"国富民强"，这也一直是国家和人民所追求的。可是藏富于国和藏富于民是一回事吗？会带来一样的结果吗？为什么负债累累的政府国民过得比较幸福，经济制度比较健全，能真正酿出民主、自由，发展科学，达到全面繁荣？而有巨额财富，拥有强大外汇储备，是别国政府大债主的政府反而不能带给国民幸福，甚至发展不够健全，各种问题层出不穷？为什么不是富有者更加具有民主法制？为什么不是有钱了才更能办事？

回想历史，国富民安的朝代多采取休养生息、轻徭薄赋的政策，这也是儒家思想治国的核心之一。但是今天，"国富"和"民富"不是一回事了吗？国家富起来难道不等于国民富起来？人民富裕了对国家影响到底如何？

国富，就是财富都集中于国家。比如商鞅时期，鼓励农业生产，但是必须"家不积粟"，农民需要努力耕地种粮食，但是收成必须上交国家，不许自己私藏。出于商鞅的考虑，也许富有的人不好管理，他们有实力可以和政府对抗，而贫穷的百姓则好管理得多，他们能解决温饱即可。可是再想一想，多少农民起义不是因为赋税严重，苛捐严税？

民富，则是指财富归百姓所有，藏富于民。这种结果多因为国家轻赋税重发展而致。试想，国家如果不大力发展生产，财富就无法生成。而百姓即使有大量财富，如果都被征收税负，则依然没有财富可言。

到底藏富于国有利于发展，还是藏富于民有利于发展呢？

陈志武曾举了这么一个事例，有两组国家，分别是1600年时国库丰盛的国家，如印度、土耳其以及日本；另一组负债累累，比如像英国、意大利城邦、荷兰、西班牙、法国等。但是，从400年前直到19世纪、20世纪，当时负债累累的那组国家如今都成为经济发达国家，且民主法制建设都很好；而除日本明治维新之后改变命运逐步发展并进入发达国家之外，那些"腰缠万贯"的国家反而都成为发展中国家。

财富在民间和国家之间的分配与自由、民主、法制的发展有着相当微妙的关系。看似八竿子打不着的民主、自由、法制的建设与金融市场之间，其实有着依赖的关系。

拿美国来说，通过国债价格的涨跌变化能够对具体政策与制度做出相应评价，可以反映出市场对国家的未来定价。国家需要通过国债来收集资金，则当国债价格下跌时政府就必须对法律或者政策做出调整以让公众满意。也就是说，负债累累的政府对百姓的税收很依赖，只有促进民主制约专制让百姓满意，百姓才愿意缴税。当政府有求于百姓时，它就不得不为百姓做事。政府钱不够用时自然需要金融市场的运作，到市场上去融资，为了能更好地融资，势必就要建设好民主和法治。

有一个很关键的词语：税收。通过阐述，国家依赖税收这个杠杆。那么税收应该在一个什么样的水平呢？是不是越多越好？显然不是。不收税是不行的，国家缺钱也无法发展建设，民主、自由、法制皆为空谈。但是税收超过民众的负担，劳动之后的成功全部被政府掠夺，则再也不会有人愿意劳动了，谁愿意辛辛苦苦却白白干活？所以关于税收，正如拉弗曲线所说，控制在一定的程度才能达到效益最大化，既不能不收，又不可多收。

对任何一个百姓来说，都是希望国家强大繁荣。国乃家之根本，是家和个人的强大后盾。但是，对于每一个普通百姓来说，生活是具体的，要的是公众温和友爱，善待他人，告别冷漠，看到别人需要帮助时就帮一把，自己需要帮助时有人愿意搭把手，

◇ 什么是拉弗曲线 ◇

未来金融业将会是创造财富的主要动力。

阿瑟·拉弗，美国经济学家，南加州大学教授，供应学派代表人物。拉弗以其"拉弗曲线"而著称于世，作为里根总统的经济顾问，为里根政府推行减税政策出谋划策。

一般情况下，税率越高，政府的税收就越多；但税率的提高超过一定的限度时，企业的经营成本提高，投资减少，收入减少，即税基减小，反而导致政府的税收减少，描绘这种税收与税率关系的曲线叫作拉弗曲线。

当税率为100%时，货币经济中的全部生产都停止了。税率从0~100%，税收总额从零回归到零。"拉弗曲线"必然有一个转折点，即图中的A点。

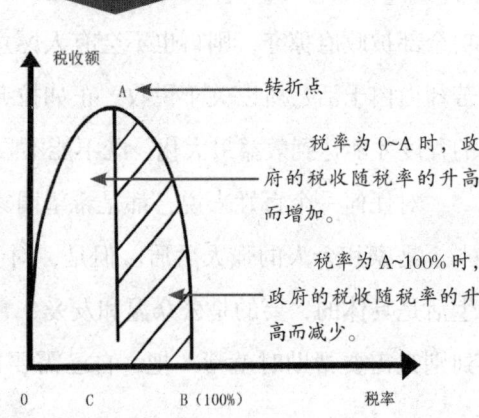

转折点

税率为0~A时，政府的税收随税率的升高而增加。

税率为A~100%时，政府的税收随税率的升高而减少。

这些都需要政府的帮助，因此没有人不愿意依法纳税。但是同样地，开门七件事，样样都要钱。国家富有之外，百姓也需要富有，这样才能够相互支撑，也才有能力负担税负，以让国家充实国库，更好地发展。

从根本上说，国家的财富也是来源于民众的创造，是无数百姓将自己小份额的财产让渡给国家，才汇聚成国家的巨大财富。就好像一条大河，主干道充足的河水必定是由众多支流汇聚一起才得以形成强大水流的。小河里有水才能保证大河不干涸，而若大河抽干了所有小河里的水，大河离干涸的日子也不远了。

因此，可以说，民富是民主法治以及自由的基本条件。藏富于民则政府有求于民，有求于完善的金融市场，政府必定要全力建设好才能够让民众心甘情愿让渡出财富，致力于发展的政府才无余力扩张政府权力专制。

金融出问题了，对我们有什么影响

辛格夫妇都是工厂工人，如今退休在家，拿着养老金，日子闲适。一天在街上散步，听到很多人议论纷纷，说是金融危机来了，金融业许多公司倒闭，很多老板跳楼了。二老一边唏嘘，一边高兴地说：我们虽然没什么钱，但这个时候我们比那些有钱人幸福。我们不投资，不买股票，没有债券，有点积蓄存银行里，多安全啊！当初不买基金，那个卖基金的小伙子还说咱们老顽固呢！这下是我们对了吧！

辛格夫妇说得到底对不对呢？是不是金融只对从事金融活动的人有影响，对普通老百姓没影响呢？金融出问题了，到底会带来哪些后果？

我们先回顾一下历史上人尽皆知的几次金融危机。1929年经济大崩溃，大批银行倒闭，产品大量剩余积压，资本家们把成桶的牛奶倒入河里，企业纷纷破产，工人失业是普遍的现象，每天排队等候救济粮的失业工人不计其数。1997年东南亚金融危机，自泰国货币危机始，短短几个月内金融危机很快席卷整个东南亚，甚至波及日本、韩国等地，并且不断在向全球扩散。更近一点，2008年美国金融危机，因次贷缘起，波及整个金融领域以致几乎引起全面的经济危机。受此影响，国内股市大跌，股民损失惨重，散户从2007年短暂的股市春天里获利的日子就此成为历史上的记忆。更甚，对外贸的影响至今尚未恢复，危机爆发的头几个月里广东沿海许多出口加工型的企业都已经纷纷倒闭。这是国际性金融危机，但是也能波及国民个人，比如造成失业、股市暴跌、金融市场不稳定等。如果是国内金融出现问题，像中华人民共和国成立前国统区的通货膨胀，那种民不聊生的情况相信经历过的人都会永难忘记。

金融危机对我们生活的具体影响主要有以下几个层面：

第一个层面，首先是金融系统层面。既然金融出现问题，那

◇ 金融危机对人们生活的影响 ◇

金融危机对金融以及实体经济的影响会逐渐渗透到人的身心，具体来说，对人们生活的影响有：

公司倒闭： 受金融危机的影响，工厂产品卖不出去，或者无法接到订单，最终成本无法收回，被迫倒闭。

失业增多： 受金融危机的影响，公司倒闭，这就会造成很多从业者失去工作，失业人员增多。

当然，金融危机对人们的影响是方方面面的，但是给人最大的冲击就是上述两点。

么首先受影响的就是金融系统。基金债券公司倒闭，投行关门，金融从业者失业。比如2008年金融危机，让全球开始瞩目和震惊的就是雷曼兄弟破产，随后在同一天美林证券被美国银行收购，接着美国保险集团AIG也陷入危机，更有"两房"（房利美和房地美），让许多人艳羡的华尔街金融从业人员顷刻间纷纷失业，并且相当一段时间内还很难找到工作。除投行外，与民众联系更密切的银行也一样。如果银行倒闭，除银行工作人员失业外，市民的存款皆付之一炬，如果把全部存款都放在银行，且是同一个银行，则风险更大。现在国际金融系统联系越来越大，在开放的系统下，任何一个国家出现问题都会影响到全球金融，就好像"美国打个喷嚏，全球可能就要感冒"的说法一样。

第二个层面，对实体经济的影响。金融危机的爆发会使实体经济进入低迷状态。金融为什么会影响实体呢？工人在工厂加工制造衣服、鞋子和帽子，和金融有什么关系？是的，看上去似乎有点不可思议，一个西方国家的人贷款买房的问题居然让一个在东方国家工厂里工作的工人失业了，似乎是不可能关联上的两件事，但它们就是切实联系在一起的。这个联系其实不复杂。制造的衣服鞋帽需要卖给西方人，当西方发生经济危机时，那边的工人失业，购买力低，银行倒闭或者资金紧缩，那边的企业也无法贷款，也就没能力继续购买我们的衣服帽子。工厂里成品卖不出去，无法接到订单，企业无法回收成本，工厂难以为继，并且也不再需要工人干活，于是东方的工厂里工人也失业了。从经济体内部讲，金融发生问题，企业融资势必就困难，并且有相当一部分企业本身会因在金融市场投资而失利，于是企业的生产就将萎缩，社会产出减少；大量工人失业，收入减少，购买力进一步下降，有效需求减弱，经济进一步萎靡；如果是全球性的问题，不仅国内需求减少，国际需求也逐渐减少，有效需求进一步降低，经济增长势必放缓，出现负增长也不是不可能，这时候的GDP，很显然，增长会受到影响。

任何一次金融危机，都给经济带来了不同程度的影响，并且都会造成经济增长停滞或者放缓。严重的金融危机还会引起金融秩序的变化，很可能需要重新建立金融秩序。

所以，金融出现问题了，不仅仅是国家经济增长和产出变化的问题，和我们每个人都息息相关。金融危机一旦发生，每一个人的日子都将变得艰难。所以国家需要建立起完善的金融系统。而个人虽无法控制大环境，但是在理财和投资方面也要注意避免将所有资产投资在一个方面，避免把鸡蛋放在同一个篮子里，否则，当发生危机时所有财产都会如水东流。

在现代社会里，金融盲无法生存

首先，我们一起来做一个关于金融素质的小测验。假设你要买台价值1000英镑的新电脑，打算贷款来买。你的选择如下：（a）分期付款，每月支付100英镑，共偿还12个月；（b）按20%

的年利率贷款，也就是说一年后偿还1200英镑。这两种做法哪种更省钱，还是说应该选（c）"二者一样"？

金融学教授、金融扫盲中心主任安娜玛利亚·卢萨尔迪称，93%的美国人不能答对。她还补充说，金融盲现象在国际上也很普遍。即使比这还浅显的金融问题也会难住大多数人。金融，看似高深，实则并不全然属于机构或专家行为。金融，看似抽象，实则并不超然于日常生活之上，换以"理财"表述，恰与普通民众有着切实的关联。正因如此，美国国会众议院以决议的形式规定，把每年4月确定为"金融普及月"，或可称作"金融扫盲月"。

目前，金融市场上形形色色的金融产品的复杂程度已大大提高，而消费者的"复杂程度"却没跟上。"知识没有跟上现实世界的发展，"卢萨尔迪说，"关键词是'脱盲'。如果你是文盲，你就没有办法在社会中生存，如今，金融盲也没有办法生存。"

华盛顿大学教授刘易斯·曼德尔发表的调查结果显示，金融教育对形式上的金融脱盲指标似乎没有任何影响——它的确能够改善人们日后在生活中做出的金融决策。专家认为，美国次贷危机爆发的部分原因，在于个人做出非理性金融决定和采取非理性行动，金融扫盲或许有助于防范这类危机再次上演。

对金钱，"人人都想要它，却没有人懂得它"。财务和经济涉及收入，通俗表述即金钱。对金钱，普通美国人时下所持的普遍态度和认识，依照约翰·布赖恩特的描述，可以归结为："人人都想要它，却没有人懂得它。"为低收入者提供"动手能力，而非施舍"，无异于一场"银权运动"。布赖恩特说，在美国，"金钱是一项大禁忌，大家不会公开谈论它。这就是有人会以次级贷款形式举债的原因"。

次贷举债，一度让不少低收入阶层成员圆了住房梦，时下也让其中不少人面临无力支付高利率分期还款、房产可能遭放贷机构没收的前景。一些美国民众当初为购买住房而举借次贷时，按照布赖恩特的判断，并不了解分期还款额度会随着利率上升而增加，也不明白作为抵押物的房产在交易总额中所占比例相当低，因而需要承受超乎正常贷款项目的风险。

美联储发布了一份调查报告，报告中提供了一系列数据：

——全美国范围内，高中学生中，能对个人财务和经济问题提供正确答案者平均仅为48.3%。

——同一批接受调查的样本中，认为从出生至就读大学18年间股票市场收益一般高于银行储蓄收益者仅为16.8%。

——依美国法律规定，如信用卡失窃、窃贼透支1000美元，信用卡持有者即使通报信用卡发行商，依然可能分担至多50美元损失，却有将近53%的调查对象不知。能完整、准确作答者仅为13%。

这项调查每两年举行一次，此为第六次，所获结果不如2006

年。两年前的调查中,能对个人财务和经济问题提供正确答案者平均为52.4%。

次级住房抵押贷款危机的恶劣影响波及整个美国和全球金融业,影响美国乃至全球经济,看似需由政府"救市"和"埋单",实际却最终将由纳税人,即普通民众付出代价。布赖恩特认为排除(放贷机构)贪婪以及金融解释误导因素,"这场危机的根源在于金融(知识)文盲,存在于广泛层面上"。正因如此,次贷危机之下,金融扫盲尤显必要。

美联储主席本·伯南克曾经在美国首都华盛顿联邦储备委员会大楼内发表讲话,提及向年青一代普及金融知识的意义。"我们国家的年轻人做好金融知识准备,"伯南克说,"对(改善)他们自身的福利而言必不可少,而对(维护)我们大家的经济前景而言则至关重要。"他强调,"次级抵押贷款市场出现严重问题,提醒大家意识到,个人从年轻时就熟悉金融知识是何等重要……他们可以更好地做出抉择,纵然金融市场日益复杂,也会有能力驾驭自如。"

美国人的消费信贷债务截至2006年累计达到2.4万亿美元,其中信用卡债务为8250亿美元。更令人吃惊,也常被学者引为全球经济失衡原因之一的数据是:美国人储蓄所占收入的比例2006年为-1%,创下自20世纪30年代美国经济"大萧条"以来的储蓄率最低纪录。

◇ 金融知识匮乏会造成什么问题 ◇

金融危机对金融及实体经济的影响会逐渐渗透到人的身心,具体来说,对人们生活的影响有:

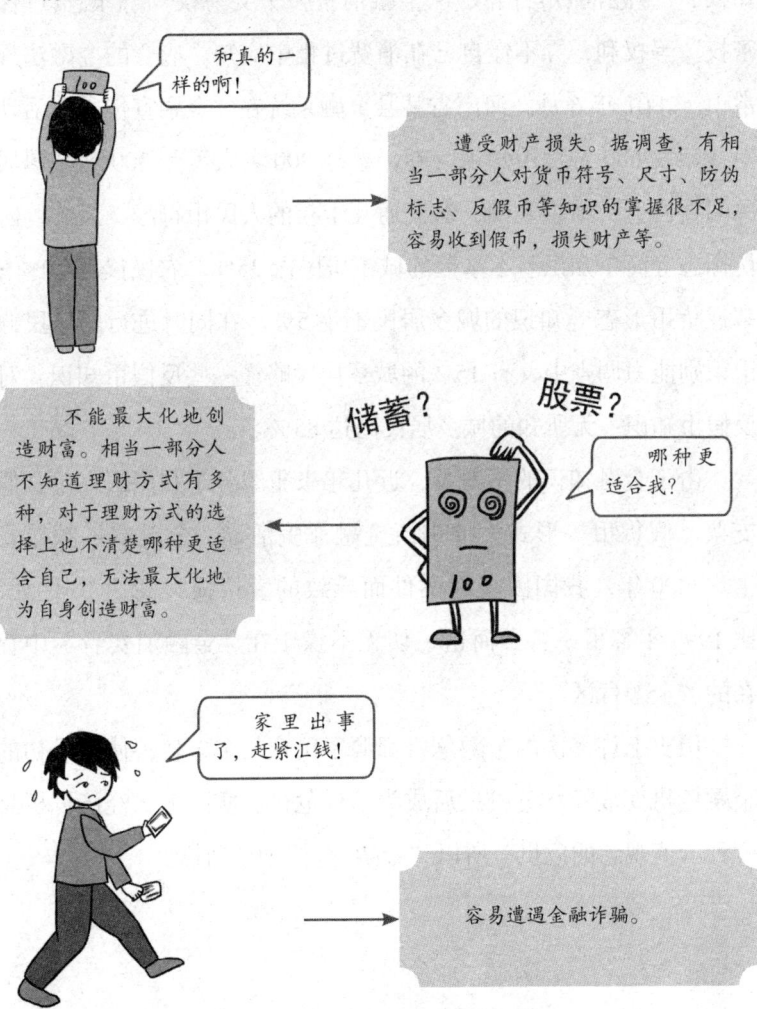

经济的繁荣离不开金融的发展，而金融的发展则离不开人们对金融的消费。但目前，我国有诸多的"金融消费者"对金融这份"套餐"知之甚少或一无所知，搞不清自己拥有诸如"金融获知权""金融消费自由权""金融消费公平交易权""金融资产保密权"等权利，弄不懂自己在消费过程中应知、应会的金融法规常识。2001年6月，河南省某县金融系统在"金融宣传月"活动中，印发600份货币知识问卷，选择300名农民和300名城镇居民问卷调查，结果表明，对流通几十年的人民币符号、尺寸、防伪标志等简单知识基本掌握的城镇居民占25%，农民仅有10%；掌握货币形态等知识的城乡居民不足5%。在同时进行的居民假币识别能力调查中，有15%的城乡居民略懂一些反假币知识，对反假币知识一无所知的城乡居民高达85%。

由于金融知识的不普及，近几年来犯罪分子利用假存单、假支票、假货币等形式大肆进行金融诈骗活动，金融案件频繁发生。2000年，我国因金融案件而导致的直接损失高达10亿元，比1999年翻了一番。而这一切无不缘于在"金融消费者"中存在的"金融盲区"。

历史上许多次的金融危机都源于民众的金融盲，使得最初的金融危机变成经济危机最后成为信任危机。实际上，经济危机是一种价值观念的危机。所以"金融扫盲"迫在眉睫。

大家都在讲的 CPI 是什么
——每天学点金融学名词

国家经济状况的晴雨表：GDP

小镇上,一个荒淫的富人死了。全镇的人都为他哀悼,当他的棺材被放进坟墓时,四处都是哭泣、哀叹声,就连教士和圣人死去时,人们都没有如此悲哀。第二天,镇上的另一个富人也死了,与前一个富人相反,他节俭禁欲,只吃干面包和萝卜。他一生对宗教都很虔诚,整天在豪华的研究室内学习法典,当他死后,除了他的家人外,没有人为他哀悼,葬礼冷冷清清。

一个陌生人对此迷惑不解,就问道:"请向我解释一下这个镇上的人为什么尊敬一个荒淫的人,而忽略一个圣人。"镇上的居民回答说:"昨天下葬的那个富人,虽然他是个色鬼和酒鬼,却是镇上最大的施舍者。他荒淫奢侈,整天挥霍自己的金钱,但是镇上的每一个人都从他那儿获益。他向一个人买酒，向另一个人买鸡，向第三个人要奶酪，小镇的GDP因为他不断增长。可死去的另一个富人又做了什么呢？他成天吃干面包和萝卜，没人能从他身上赚到一文钱，当然没有人会想念他的。"

那么什么是GDP，它在我们的日常生活中起到了哪些作用呢？

GDP即国内生产总值。通常对GDP的定义为：一定时期内（一个季度或一年），一个国家或地区的经济中所生产出的全部最终产品和提供劳务的市场价值的总值。GDP是三个英文单词首字母的组合：gross，即毛的、总的；domestic，即国内的；product，即产值，翻译成汉语就是"国内生产总值"。GDP是指一个国家在一年内，所生产的全部最终产品（包括劳务）的市场价格的总和。

在经济学中，GDP常用来作为衡量该国或地区的经济发展综合水平通用的指标，这也是目前各个国家和地区常采用的衡量手段。GDP是宏观经济中最受关注的经济统计数字，因为它被认为是衡量国民经济发展情况最重要的一个指标。

GDP的计算方法通常有以下几种：

1. 生产法

生产法是从生产角度计算国内生产总值的一种方法。从国民经济各部门一定时期内生产和提供的产品和劳务的总价值中，扣除生产过程中投入的中间产品的价值，从而得到各部门的增加值，各部门增加值的总和就是国内生产总值。

计算公式为：总产出－中间投入＝增加值。

GDP＝各行业增加值之和。

也可以表示为 GDP＝∑各产业部门的总产出－∑各产业部门的中间消耗。

2. 收入法

收入法是从生产过程中各生产要素创造收入的角度计算 GDP 的一种方法。即各常住单位的增加值等于劳动者报酬、固定资产折旧、生产税净额和营业盈余四项之和。这四项在投入产出中也称最初投入价值。各常住单位增加值的总和就是 GDP。计算公式为：

GDP＝∑各产业部门劳动者报酬＋∑各产业部门固定资产折旧＋∑各产业部门生产税净额＋∑各产业部门营业利润。

3. 支出法

支出法是从最终使用的角度来计算 GDP 及其使用去向的一种方法。GDP 的最终使用包括货物和服务的最终消费、资本形成总额和净出口三部分。计算公式为：

GDP＝最终消费＋资本形成总额＋净出口。

从生产角度，等于各部门（包括第一、第二和第三产业）增加值之和；从收入角度，等于固定资产折旧、劳动者报酬、生产税净额和营业盈余之和；从使用角度，等于总消费、总投资和净出口之和。

现今世界上，每个国家都非常关心经济增长。因为没有经济的适当增长，就没有国家的经济繁荣和人民生活水平的提高。例如，西方国家认为中国富强，就是因为它的GDP增长迅速，同其他世界大国相比，在经济总量、GDP方面，中国已经位居世界前二。

2011年2月，日本内阁府公布2010年全年经济数据，按可比价格计算，2010年日本名义GDP为5.4742万亿美元，比中国低4000多亿美元，排名世界第三。这也是1968年以来，日本经济首次退居世界第三。

2010年日本实际GDP增长3.9%，名义GDP增长1.8%。其中第四季度日本实际国内生产总值环比下降0.3%，这是日本经济五个季度来首次出现负增长。

日本内阁官房长官枝野幸男公开表示，对日本GDP被中国赶超表示欢迎。他还表示，人均GDP方面日本仍然是中国的10倍多，重要的是日本应当如何汲取其活力。为了将发展优势传给下一代，日本将继续推进经济增长战略。

GDP是目前衡量国民财富总量无可替代的指标。中国在古代社会和农业社会一直位列全世界最发达的国家行列，自清代中后期以来才在工业革命浪潮中落后。20世纪初，中国GDP总量在世界排名最后二十位，现在终于上升到世界第二，说明中国国力

◇ 国内生产总值——GDP ◇

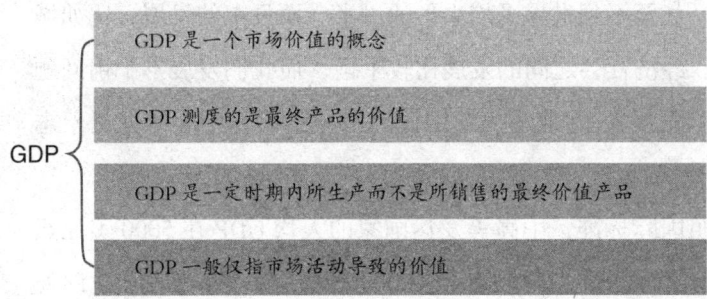

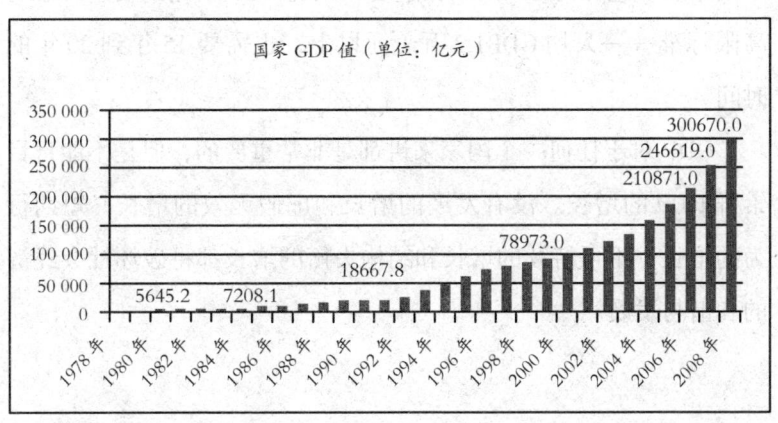

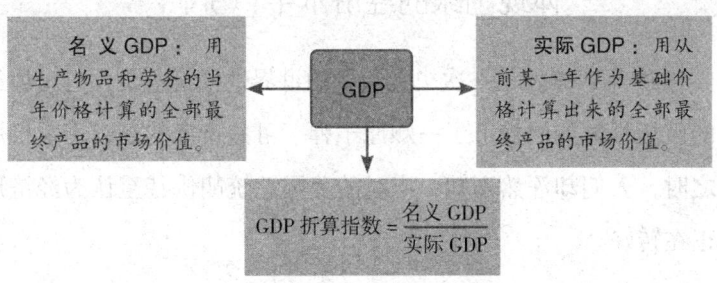

的增强。

"中国仍然是一个发展中国家，人均GDP不但只有日本的十分之一，甚至不到世界平均水平的一半。而日本的发展，比如城乡之间、经济社会之间的发展比较平衡，而我们发展不平衡问题突出，差距很大。"北京大学国民经济核算研究中心研究员蔡志洲表示。

按照国际标准，中高等发达国家的人均GDP在5000美元至1万美元，而中国人均GDP才4000美元左右。专家表示，即便中国今后一直保持8%的增长速度，人均GDP要达到发达国家的高限标准——人均GDP1.2万美元以上，也需要15年到20年的时间。

GDP对于任何一个国家来讲都是非常重要的，但是不能盲目崇拜GDP的增长。没有发展的增长和虚假无效的增长，短期行为的增长，不可持续的增长和结构失衡的增长都将破坏社会经济的和谐与发展。

体现国家的经济水平：GNP

1929年，爆发了一次史无前例的世界性经济危机，对世界经济的破坏程度如同投下了一颗原子弹。可是奇怪的是，当危机爆发之时，人们却浑然不知，当时的美国总统胡佛甚至认为经济形势正在转好。

我们没有理由嘲笑当时人们的无知，因为当时除了苏联统计机构有尚不完善的国民经济平衡表之外，有关国民经济的统计几乎是空白，所以人们当然不知道经济形势已经坏到什么地步。这次危害巨大的经济危机激发了人们对国民经济状况的了解的渴望。于是，美国参议院财经委员会委托西蒙库兹涅茨，建立了一系列用来统计核算一国投入和产出的指标，由此发展出"国民收入账户"。这就是国民生产总值 GNP 的雏形。1933 年，当 1929～1932 年的国民收入统计资料公开时，人们才发现这次经济危机竟是这么可怕。

国民生产总值（简称 GNP），是指一个国家（地区）所有常驻机构单位在一定时期内（年或季）收入初次分配的最终成果。一个国家常驻机构单位从事生产活动所创造的增加值（国内生产总值）在初次分配过程中主要分配给这个国家的常驻机构单位，但也有一部分以劳动者报酬和财产收入等形式分配给该国的非常驻机构单位。同时，国外生产单位所创造的增加值也有一部分以劳动者报酬和财产收入等形式分配给该国的常驻机构单位，从而产生了国民生产总值这个概念。它等于国内生产总值加上来自国外的劳动报酬和财产收入减去支付给国外的劳动者报酬和财产收入的差。

随着外商进入中国市场，我国 GDP 增长率逐年上升。但外商投资（外国国民）在中国的产出计入中国的 GDP，却不是中国

◇ 将 GNP 作为综合经济指标的主要优缺点 ◇

把国民生产总值作为综合经济指标的主要优点在于：

1. 它只计算了最终产品的价值，而没有计算中间产品的价值。 → 因而不包括重复计算的部分。

2. 它不仅计入了物质生产部门的增加值，而且也计入了所有服务部门的增加值。
- 因而反映了现代产业结构的变化。
- 反映了教育、科学技术、金融等第三产业在社会经济中的作用。

国民生产总值指标的缺陷是：

1. 不能反映社会成本。

2. 不能反映经济增长方式付出的代价。

3. 不能反映经济增长的效率和效益。

4. 不能反映人们的生活质量。

5. 不能反映社会收入和财富分配状况。

的GNP。因此，外商投资大规模进入中国的必然结果是，中国的GNP将明显小于GDP，GNP的增长率也会低于GDP。

中国的国民生产总值低于国内生产总值，资本输出国（如日本）的国民生产总值高于国内生产总值，如果长期存在这一现象，中国经济的前途和社会福利将受到长远而深刻的影响；如果中国自己企业的竞争力没有随着中国经济的增长和经济规模的扩大而持续提高，而只是单纯地依靠比较成本优势，甚至只是向跨国公司提供我们的比较优势资源，那么，即使中国的制造业规模有很大的扩张，在更大程度上也只是"世界工场"，而不是真正的"世界工厂"。

在发达国家，GDP与GNP比较接近，因此常用GDP来衡量并没有什么问题。然而用GDP而不是GNP看中国国力，其中的巨大差异则会导致对中国国力与财富创造能力的严重高估。这也就是为什么世界银行用平价购买力一算，就与原来的差别那么大的原因。

国民生产总值与社会总产值、国民收入有所区别：一是核算范围不同，社会总产值和国民收入都只计算物质生产部门的劳动成果，而国民生产总值对物质生产部门和非物质生产部门的劳动成果都进行计算。二是价值构成不同，社会总产值计算社会产品的全部价值；国民生产总值计算在生产产品和提供劳务的过程中增加的价值，即增加值，不计算中间产品和中间劳务投入的价值,国民收入不计算中间产品价值,也不包括固定资产折旧价值,即只计算净产值。

国民生产总值反映了一个国家的经济水平,按可比价格计算的国民生产总值,可以计算不同时期、不同地区的经济发展速度(经济增长率)。

在现代金融生活中,只有正确评估国力,才能提高经济发展、开放效益和对外谈判的主动性。不论GNP还是GDP,都只是我们眼前能够看到的经济增长或变化,是近期能够切实感受的经济数值、经济水平,但要考虑到今后我们的下一代,甚至是子孙后代经济发展时,是不是应该计算"绿色GNP"了呢?"绿色GNP"即考虑经济发展的同时加上资源的损耗和可再生资源的恢复。

经济发展的动力是我们生活的发展,生活最根本的则是我们身边的一草一木,是生命。如果有一天我们迎来了资源的全面枯竭,那将毫无疑问意味着经济发展的结束,甚至生活的衰竭、生命的完结。而"绿色GNP"是摆在我们面前刻不容缓的问题。

国家经济的"体温计":PPI

2007年PPI统计数字显示:工业品出厂价格上涨3.1%,其中生产资料价格上涨3.2%,生活资料价格上涨2.8%,原材料、燃料、动力购进价格上涨4.4%,农产品生产价格上涨18.5%。

这一年某地农民张某种了约20亩棉花，由于夏天的雨灾，收成比去年下降了1/3。此前一年棉花价格的上涨让他笑逐颜开，但这一年棉价的下跌又让他有些失望。"今年的收成比去年减少了，化肥、人工等成本却比去年提高不少，如果价格再上不去，估计明年棉花的种植面积还会下降。"

在这个故事中PPI跑赢CPI，说明生产者的成本增加速度明显超过了终端消费品的提价速度，这无疑会给企业带来巨大的经营压力。虽然每月国家统计局都会发布PPI，不过，对于大多数人来说，PPI还是一个十分陌生的概念。PPI到底是什么？代表了什么呢？

PPI是生产者物价指数的英文缩写，它是站在生产者的角度来观察不同时期货物和服务商品价格水平变动的一种物价指数，反映了生产环节价格水平，也是制定有关经济政策和国民经济核算的重要依据。PPI可以称得上是了解国家经济发展状况的"体温计"。通过PPI的变化，我们就能大体判断国家经济的运行状况，并可由此预判未来国家的宏观经济政策。

生产者物价指数是一个用来衡量制造商出厂价的平均变化的指数，它是统计部门收集和整理的若干个物价指数中的一个。如果生产物价指数比预期数值高，表明有通货膨胀的风险；如果生产物价指数比预期数值低，则表明有通货紧缩的风险。生产者物价指数的主要目的在于衡量各种商品在不同的生产阶段的价格变化情形。

一般而言，商品的生产分为三个阶段：一是原始阶段：商品尚未做任何的加工；二是中间阶段：商品尚需进一步的加工；三是完成阶段：商品至此不再做任何加工手续。PPI是衡量工业企业产品出厂价格变动趋势和变动程度的指数，是反映某一时期生产领域价格变动情况的重要经济指标。

在我国，PPI一般指统计局公布的工业品出厂价格指数。目前，我国PPI的调查产品有4000多种，包括各种生产资料和生活资料，涉及调查种类186个。其中，能源原材料价格在PPI构成中占较大比重。通常情况下，PPI走高意味着企业出厂价格提高，因此会导致企业盈利增加；但如果下游价格传导不利或市场竞争激烈，走高的PPI则意味着众多竞争性领域的企业将面临越来越大的成本压力，从而影响企业盈利，整个经济运行的稳定性也将受到考验。

因此，PPI可以用来对通货膨胀进行初期预测。理由很简单，企业成本上升时，企业通常会提高价格。一般而言，当生产者物价指数增幅很大而且持续加速上升时，该国央行相应的反应是采取加息对策阻止通货膨胀快速上涨，则该国货币升值的可能性增大；反之亦然。

美劳工部在25000多家企业做调查，得出产品价格，根据行业不同和在经济中的比重、分配比例和权重、PPI能够反映生产者获得原材料的价格波动等情况，推算预期CPI，从而估计通胀风险。总之，PPI上升不是好事，如果生产者转移成本，终端消费品价格上扬，通胀上涨。如果不转移，企业利润下降，经济有下行风险。

在美国，生产者物价指数的资料搜集由美国劳工局负责，它以问卷的方式向各大生产厂商搜集资料，搜集的基准月是每个月包含13日在内该星期的2300种商品的报价，再加权换算成百进位形态，为方便比较，基期定为1967年。真正的经济学家可以通过对PPI的关注，从而正确判断物价的真正走势——这是由于食物及能源价格一向受到季节及供需的影响，波动剧烈。

对于老百姓来说，PPI通常作为观察通货膨胀水平的重要指标。由于食品价格因季节变化加大，而能源价格也经常出现意外波动，为了能更清晰地反映出整体商品的价格变化情况，一般将食品和能源价格的变化剔除，从而形成"核心生产者物价指数"，进一步观察通货膨胀率变化趋势。

生活水平的衡量尺度：恩格尔系数

34岁的章先生是一家企业的管理人员，从事经营工作，家庭年收入在30万元到40万元。说起记账的初衷，章先生说，记账习惯与年龄无关，他五六年前就开始记账，是因为觉得只有把家庭生活经营好了，才能把自己的经营管理工作做得更好。"做家庭账本和做公司的账一样，我每个月都要把家里的收入、支出、存量做平，对支出记账还要进行分类。"

"以我们的家庭收入，在西安应该还算是比较富裕的家庭。"章先生说，他们一家三口，孩子上幼儿园，现在已经不喝奶粉了，比起那些小孩喝奶粉的家庭，他们减少了这项支出。孩子每月上幼儿园的费用1200元，平均下来每月花在孩子身上的钱就是2000元左右。其余的支出，除了吃，大项支出就是养车、房贷。每天记账，可以及时了解家庭支出的合理性。他以记账情况得出的结论仍是：食物支出过大，生活质量有所下降。

过去，人们见面的第一句话通常是："吃了没？"由此可见食物对人们的重要性。消费支出是指一个家庭日常生活的全部支出，包括食品、衣着、家庭设备用品及服务、医疗保健、交通和通信、娱乐教育文化服务、居住、杂项商品和服务八大类。消费支出反映了居民的物价消费水平，是很重要的宏观经济学变量，被作为宏观调控的依据之一。这里我们所讲的恩格尔系数就是食品支出总额占个人消费支出总额的比重。

恩格尔系数，是指居民家庭中食物支出占消费总支出的比重。德国统计学家恩格尔根据经验统计资料对消费结构的变动提出这一看法：一个家庭收入越少，家庭收入中或者家庭总支出中用来购买食物的支出所占的比例就越大，随着家庭收入的增加，家庭收入中或者家庭支出中用来购买食物的支出将会下降。恩格尔系数是用来衡量家庭富足程度的重要指标。

恩格尔定律主要表述的是食品支出占总消费支出的比例随收入变化而变化的一定趋势。恩格尔系数是国际上通用的衡量居民生活水平高低的一项重要指标，国际上常常用恩格尔系数来衡量一个国家和地区人民生活水平的状况。

吃是人类生存的第一需要，在收入水平较低时，其在消费支出中必然占有重要地位。随着收入的增加，在食物需求基本满足的情况下，消费的重心才会开始向穿、用等其他方面转移。因此，一个国家或家庭生活越贫困，恩格尔系数就越大；反之，生活越富裕，恩格尔系数就越小。

根据联合国粮农组织提出的标准，恩格尔系数在59%以上为贫困，50%~59%为温饱，40%~50%为小康，30%~40%为富裕，低于30%为最富裕。一般随居民家庭收入和生活水平的提高而下降。按此划分标准，20世纪90年代，恩格尔系数在20%以下的只有美国，达到16%；欧洲、日本、加拿大，一般为20%~30%，是富裕状态。东欧国家，一般为30%~40%，相对富裕，剩下的发展中国家，基本上为小康水平。

简单地说，一个家庭或国家的恩格尔系数越小，就说明这个家庭或国家经济越富裕。反之，如果这个家庭或国家的恩格尔系数越大，就说明这个家庭或国家的经济越困难。当然数据越精确，家庭或国家的经济情况反映也就越精确。

有网友曾提问：近些年来致力于农村恩格尔的系数是一直像预期那样的直线下降呢，还是有波动的？这些数据对我们来讲有没有意义？是否预示着我们已经进入相对富裕的行列，还是只是小康水平？

国家统计局新闻发言人回答，恩格尔系数是指居民的消费支出之中，食品支出占整个消费支出的比重。它所代表的含义，一般是用来反映消费水平生活质量变化的一个很重要的指标。恩格尔系数随着收入水平的提高、消费水平的提高，食品消费支出的比重会下降。改革开放30多年来，我们国家的恩格尔系数，无论是农村还是城市，恩格尔系数都是往下走的。不排除个别年份，因为物价水平的变化，恩格尔系数稍微有一些波动，但总的趋势是往下的。从农村来讲，基本上在42%左右。从城市来讲，居民的恩格尔系数已经下降到40%以下，充分说明我们国家随着收入水平的提高，人们由总体小康向全面小康变化，已经摆脱了原来以吃、喝、穿这种生存意义的消费结构，正在进入以住和行消费为引导的消费升级的新阶段。

国家统计局的资料显示，改革开放以来，由于收入持续快速增长，我国居民家庭的恩格尔系数呈现下降的趋势，与1978年的57.5%相比，2007年我国城镇居民家庭恩格尔系数为43.1%，这是居民消费结构改善的主要标志。这表明，我国人民以吃为标志的温饱型生活，正在向以享受和发展为标志的小康型

◇ 恩格尔系数你会算吗 ◇

恩格尔系数是国际上通用的衡量居民生活水平高低的一项重要指标，国际上常常用其衡量一个国家和地区人民生活水平的状况。

月总支出：1000元，食物支出：500元，恩格尔系数为50%，家庭属于温饱。

月总支出10000元，食物支出3500元，恩格尔系数为35%，家庭属于富裕。

$$恩格尔系数 = \frac{食物支出总额}{家庭消费支出总额} \times 100\%$$

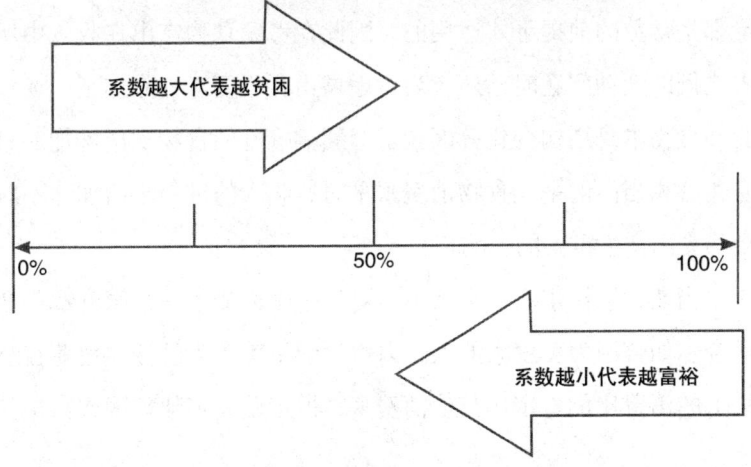

系数越大代表越贫困

0%　　　　　50%　　　　　100%

系数越小代表越富裕

生活转变。

随着经济的迅速发展，人们花在食物上的支出相对于以前已经多出不少，但是食物支出占整个家庭支出的比例已经呈现下降的趋势，花在住房、汽车、教育、娱乐等其他方面的支出占据越来越大的比重。这就是恩格尔系数在不断降低，但不排除在某一特殊时期会上升，如金融危机时期、通货膨胀时期，前面章先生的食品支出加大就是通货膨胀所造成的。

在使用恩格尔系数时应注意：一是恩格尔系数是一种长期趋势，时间越长趋势越明显，某一年份恩格尔系数波动是正常的；二是在进行国际比较时应注意可比口径，在中国城市，由于住房、医疗、交通等方面存在大量补贴，因此进行国际比较时应调整到相同口径；三是地区间消费习惯不同，恩格尔系数略有不同。

恩格尔定律是根据经验数据提出的，它是在假定其他一切变量都是常数的前提下才适用的，因此在考察食物支出在收入中所占比例的变动问题时，还应当考虑城市化程度、食品加工、饮食业和食物本身结构变化等因素都会影响家庭的食物支出增加。只有达到相当高的平均食物消费水平时，收入的进一步增加才不对食物支出产生重要的影响。

当然，恩格尔系数也并不是对每一个人或每一个家庭都完全适合。如自诩为美食家的人，以吃尽天下美食为己任，他花在食物上的消费比例肯定比其他消费多，但依此断定他贫困或富裕就有失偏颇。在适用恩格尔系数进行国际比较时，由于各国的价格体系、福利补贴等方面差异较大，所以，要注意个人消费支出的实际构成情况，注意到运用恩格尔系数反映消费水平和生活质量会产生误差。

财富收入是否公平，基尼系数是标准

基尼系数是意大利经济学家基尼于1912年提出的，定量测定收入分配差异程度，国际上用来综合考察居民内部收入分配差异状况的一个重要分析指标。

基尼系数的经济含义是：在全部居民收入中，用于进行不平均分配的那部分收入占总收入的百分比。基尼系数最大为"1"，最小等于"0"。前者表示居民之间的收入分配绝对不平均，即100%的收入被一个单位的人全部占有了；而后者则表示居民之间的收入分配绝对平均，即人与人之间收入完全平等，没有任何差异。但这两种情况只是在理论上的绝对化形式，在实际生活中一般不会出现。因此，基尼系数的实际数值只能介于0～1之间。

基尼系数按照联合国有关组织规定，低于0.2表示收入绝对平均；0.2～0.3表示比较平均；0.3～0.4表示相对合理；0.4～0.5表示收入差距较大；0.5以上表示收入差距悬殊。经济学家们通常用基尼指数来表现一个国家和地区的财富分配状况。这个指数在0和1之间，数值越低，表明财富在社会成员之间的分配越均

◇ 基尼系数反映贫富差距 ◇

基尼系数的区段

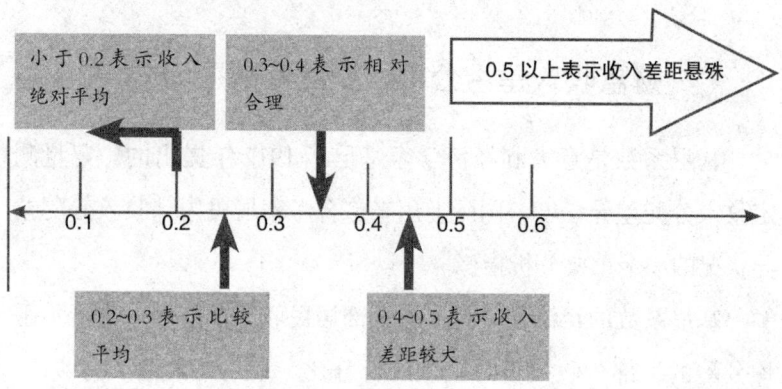

改革开放以来，我国在经济增长的同时，贫富差距逐步拉大，综合各类居民收入来看，基尼系数越过警戒线已是不争的事实。

匀；反之亦然。

通常把 0.4 作为收入分配差距的"警戒线"。将基尼系数 0.4 作为监控贫富差距的警戒线，应该说，是对许多国家实践经验的一种抽象与概括，具有一定的普遍意义。但是，各国、各地区的具体情况千差万别，居民的承受能力及社会价值观念都不尽相同，所以这种数量界线只能用作宏观调控的参照系，而不是教条和标准。

基尼系数由于给出了反映居民之间贫富差异程度的数量界线，可以较客观、直观地反映和监测居民之间的贫富差距，预报、预警和防止居民之间出现贫富两极分化，因此得到世界各国的广泛认同和普遍采用。

有很多人认为听到一个基尼系数，就了解了当地收入分配的一种实际状况。事情仿佛和天气预报差不多，听到最高、最低温度多少，我们立刻就知道了气候的冷暖。

我们应该看到这样一个社会现象：富者很富，穷者很穷。用经济学术语来说，这就是收入分配中的"马太效应"。在国民收入分配领域，马太效应进一步显现出贫者越贫、富者越富的状态，这种情况会对经济的协调发展和社会的和谐进步产生一定影响。一部分人已经先富起来了，这是中国的客观现实，大部分人虽然已经解决了温饱问题，收入有所提高，却还算不上富裕，也是中国的客观现实，居民收入差距不断地扩大，就是中国客观现实的反映。

2011年《社会蓝皮书》指出,近年来社会收入差距一直在扩大,当前反映收入分配差距的总体基尼系数在0.5左右,大大超过了国际公认的0.4的警戒线水平。据称,1984年,中国总体基尼系数大约仅为0.26,在短短20多年时间内,中国已经由收入分配比较平等的国家进入收入分配最不平等的国家行列。

如何解决基尼系数过大所带来的执政危险?专家对基尼系数现状提出了应对措施:

1. 改变现行税制在调节收入分配方面的制度缺陷,完善税收调节体系,使税收调节分配的功能在居民收入、存量财产、投资收益等各个环节得到有效发挥。

2. 运用综合调控手段,加强对高收入阶层的税收调控。

(1)加快个人所得税改革,建立综合与分类相结合的税制模式。

(2)深化消费税制改革。充分发挥消费税商品课税再分配功能,对必需品适用低税率或免税,对奢侈品适用高税率。

(3)可考虑对储蓄存款利息课征的个人所得税采用累进税率,以及开征物业税、遗产税等税种。

3. 把"富民优先"作为经济发展新阶段以及解决基尼系数拉大问题的重大经济政策,对低收入者实施积极的税收扶持政策。

(1)完善支持农业发展的税收政策措施。农业的基础地位和弱质产业特性,要求政府在取消农业税之后,进一步在提高农业生产专业化和规模化水平、大力发展农业产业集群、健全现代农产品市场体系等方面给予政策支持，具体而言，即对农业生产资料采取更加优惠的增值税税率，降低生产资料价格，减轻农民负担。

（2）加大对中小企业的扶持力度，使民营经济得到长足发展。我国中小企业在解决社会就业、维护社会稳定方面发挥的重要作用是显而易见的。

（3）加大对城镇下岗失业人员再就业的税收支持力度，推进就业和再就业。

（4）建议开征社会保障税。

4. 完善配套措施，加大对非常态高收入阶层收入的监管。

（1）加强对垄断收入的监管。

（2）积极推行存款实名制，并逐步创造条件实行金融资产实名制，限制非法收入。

（3）对黑色收入和腐败收入、灰色收入、钻各种政策空子所得的非常态收入要采取有效手段加以打击和取缔。

当然，在解决贫富悬殊、化解基尼系数"越警"方面，税收的作用毕竟是有限的，必须和政府其他宏观经济政策共同发挥作用，才能更好地解决我国收入分配差距扩大的问题，从而促进我国经济社会健康和谐地发展。

金融投资的风向标：道琼斯指数

对于金融世界，特别是投资股票的人们而言，道琼斯指数和《华尔街日报》就是他们的"圣经"。当20世纪开始的时候，拜伦家庭的努力，使道琼斯公司和道琼斯指数跟上了时代发展的步伐，继续反映着美国经济，指导着投资者们的行动。美西战争的胜利和雄心勃勃的西奥多·罗斯福总统，使美国经济超越国界登上世界舞台。股票市场异常繁荣，道琼斯指数记录了一个无可比拟的国内市场健康发展的重要时期。

道琼斯指数是世界上历史最为悠久的股票指数，它的全称为股票价格平均指数。通常人们所说的道琼斯指数有可能是指道琼斯指数四组中的第一组道琼斯工业平均指数。

整个20世纪20年代是道琼斯指数的辉煌时期。到1928年，它已增加到30种股票。那些有钱的富人们一直把股票市场看作是他们的私人领域，但这时情况发生了变化，股市的狂热使人们想尽办法投身股市，于是他们得到一个新的极其危险的金融玩具，即定金交易。这种玩法十分刺激，人们花1美元便能买到价值10美元的股票，这使那些没有多少钱的人也参与了进来，电梯工、接线员、报童等所有人都跟金融巨头一样玩起了股票。他们为有这么多挣钱的机会而疯狂，却没有意识到市场涨得越高下跌的危险就越大。

股票价格指数就是用以反映整个股票市场上各种股票市场价

格的总体水平及其变动情况的指标，简称为股票指数。它是由证券交易所或金融服务机构编制的表明股票行市变动的一种供参考的指示数字。由于股票价格起伏无常，投资者必然面临市场价格风险。对于具体某一种股票的价格变化，公开发布，作为市场价格变动的指标，投资者据此就可以检验自己的投资效果，并用以预测股票市场的动向。

道琼斯股票指数是在1884年由道琼斯公司的创始人查理斯·道开始编制的。其最初的道琼斯股票价格平均指数是根据11种具有代表性的铁路公司的股票，采用算术平均法进行计算编制而成，发表在查理斯·道自己编辑出版的《每日通讯》上。

其计算公式为：股票价格平均数＝入选股票的价格之和／入选股票的数量。自1897年起，道琼斯股票价格平均指数开始分成工业与运输业两大类，其中工业股票价格平均指数包括12种股票，运输业平均指数则包括20种股票，并且开始在道琼斯公司出版的《华尔街日报》上公布。1928年后，道琼斯股票价格平均指数就改用新的计算方法，即在计点的股票除权或除息时采用连接技术，以保证股票指数的连续，从而使股票指数得到了完善。在1929年，道琼斯股票价格平均指数又增加了公用事业类股票，使其所包含的股票达到56种。

除了道琼斯股票价格指数外，还有其他的价格指数：

标准·普尔股票价格指数在美国也很有影响，它是美国最大的证券研究机构即标准·普尔公司编制的股票价格指数。

纽约证券交易所股票价格指数。这是由纽约证券交易所编制的股票价格指数。它起自1966年6月，先是普通股股票价格指数，后来改为混合指数，包括在纽约证券交易所上市的1500家公司的1570种股票。

日经道琼斯股价指数是由日本经济新闻社编制并公布的反映日本股票市场价格变动的股票价格平均数。该指数从1950年9月开始编制。

香港恒生指数是香港股票市场上历史最久、影响最大的股票价格指数，由香港恒生银行于1969年11月24日开始发表。恒生股票价格指数包括从香港500多家上市公司中挑选出来的33家有代表性且经济实力雄厚的大公司股票作为成分股。

道琼斯指数的目的在于反映美国股票市场的总体走势，涵盖金融、科技、娱乐、零售等多个行业。道琼斯工业平均指数目前由《华尔街日报》编辑部维护，其成分股的选择标准包括成分股公司持续发展、规模较大、声誉卓著，具有行业代表性，并且为大多数投资者所追捧。

目前，道琼斯工业平均指数中的30种成分股是美国蓝筹股的代表。这个神秘的指数的细微变化，带给亿万人惊恐或狂喜，它已经不是一个普通的财务指标，而是世界金融文化的代号。

道琼斯指数作为最有权威性的一种股票价格指数，被称为"经济的晴雨表"，有以下三方面原因：

第一，道琼斯股票价格平均指数所选用的股票都有代表性，这些股票的发行公司都是本行业具有重要影响的著名公司，其股票行情为世界股票市场所瞩目，各国投资者都极为重视。为了保持这一特点，道琼斯公司对其编制的股票价格平均指数所选用的股票经常予以调整，用具有活力的更有代表性的公司股票替代那些失去代表性的公司股票。自1928年以来，仅用于计算道琼斯工业股票价格平均指数的30种工商业公司股票，已有30次更换，几乎每两年就要有一个新公司的股票代替老公司的股票。

第二，公布道琼斯股票价格平均指数的新闻载体——《华尔街日报》是世界金融界最有影响力的报纸。该报每天详尽报道其每个小时计算的采样股票平均指数、百分比变动率、每种采样股票的成交数额等，并注意对股票分股后的股票价格平均指数进行校正。在纽约证券交易营业时间里，每隔半小时公布一次道琼斯股票价格平均指数。

第三，这一股票价格平均指数自编制以来从未间断，可以用来比较不同时期的股票行情和经济发展情况，成为反映美国股市行情变化最敏感的股票价格平均指数之一，是观察市场动态和从事股票投资的主要参考。

股票总的面值相对而言是固定的。如果经济行情或者人们对股市的预期看涨，大量资金进入股市，股票的价格就上扬，股票便升值，指数也上升。如果经济行情或者人们对股市的预期看跌，那么大量的股票持有者就抛售手中股票，换取现金退出股市，于是股价下跌，指数下降，整个股市内的资金总量快速减少。所以不论是上学的小孩,还是不懂股票的年轻人,他们炒股没有像那些专家一样去看公司的财务报表,去看产品的创新,他们看的是股票指数。

金融学里的"不可能三角":三元悖论

1997年爆发了亚洲金融危机,泰国、印尼等东南亚国家在保持货币政策的独立性和资本流动自由的前提下,汇率剧烈波动,最后不得不以大幅贬值而告终。随后在国际货币基金组织开出的"治疗处方"中,以牺牲货币政策的独立性(即部分让渡货币政策的主权)为代价,获取了资本自由流动和汇率稳定的目标。

1999年,美国经济学家保罗·克鲁格曼在仔细研究亚洲金融危机过程及原因后,根据蒙代尔"不可能三角"画出了一个三角形,并称其为"永恒的三角形",克鲁格曼还为此专门取了一个名字,即"三元悖论"。

三元悖论,也称三难选择,它是由美国经济学家保罗·克鲁格曼就开放经济下的政策选择问题所提出的。

根据三元悖论,在资本自由流动、货币政策的有效性和汇率制度稳定三者之间只能进行以下三种选择:

第一种,保持本国货币政策的独立性和资本的完全流动性,必须牺牲汇率的稳定性,实行浮动汇率制。这是由于在资本完全流动的条件下，频繁出入的国内外资金带来了国际收支状况的不稳定，如果本国的货币当局不进行干预，即保持货币政策的独立性，那么本币汇率必然会随着资金供求的变化而频繁波动。利用汇率自动调节机制将汇率调整到真实反映经济现实的水平，可以改善进出口收支，影响国际资本流动。虽然汇率调节机制本身有缺陷，但实行汇率浮动确实较好地解决了"三难选择"。但对于发生金融危机的国家来说，特别是发展中国家，信心危机的存在会大大削弱汇率调节机制的作用，甚至起到恶化危机的作用。当汇率调节机制不能奏效时，为了稳定局势，政府的最后选择是实行资本管制。

第二种，保持本国货币政策的独立性和汇率稳定，必须牺牲资本的完全流动性，实行资本管制。在金融危机的严重冲击下，在汇率贬值无效的情况下，唯一的选择是实行资本管制，实际上是政府以牺牲资本的完全流动性来维护汇率的稳定性和货币政策的独立性。大多数经济不发达的国家，比如中国，就是实行的这种政策组合。这一方面是由于这些国家需要相对稳定的汇率制度来维护对外经济的稳定，另一方面是由于他们的监管能力较弱，无法对自由流动的资本进行有效的管理。

第三种，维持资本的完全流动性和汇率的稳定性，必须放弃本国货币政策的独立性。根据蒙代尔·弗莱明模型，资本完全流动时，在固定汇率制度下，本国货币政策的任何变动都将被所引致的资本流动的变化而抵消其效果，本国货币政策丧失自主性。

◇ 三元悖论 ◇

克鲁格曼提出的"三元悖论"原则指出,一国不可能同时实现货币政策独立性、汇率稳定以及资本自由流动三大金融目标,只能同时选择其中的两个而放弃另外一个目标。

"三元悖论"原则可以用下图来直观表示。"三元悖论"是指图中心位置的灰色三角形,即:

"三元悖论"图

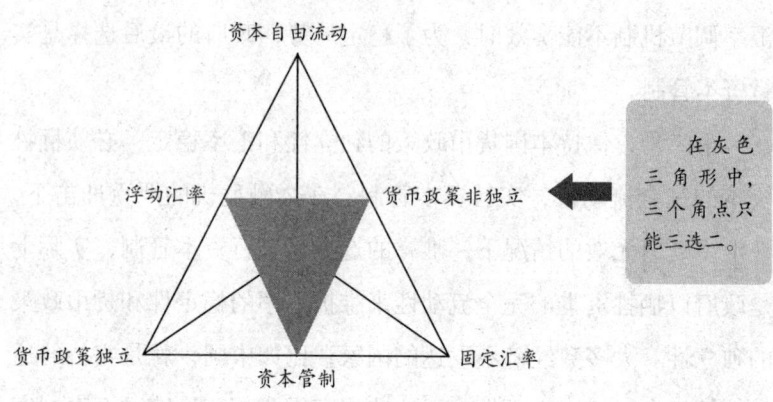

在灰色三角形中,三个角点只能三选二。

如果要求汇率稳定和资本流动,就必须放弃独立的货币政策。

如果一个国家想允许资本自由流动,又要求拥有独立的货币政策,那么就难以保持汇率稳定。

如果要求拥有独立的货币政策和保持汇率稳定,就必须对资本流动进行限制。

在这种情况下，本国或者参加货币联盟，或者更为严格地实行货币制度，基本上很难根据本国经济情况来实施独立的货币政策对经济进行调整，最多是在发生投机冲击时，短期内被动地调整本国利率以维护固定汇率。可见，为实现资本的完全流动与汇率的稳定，本国经济将会付出放弃货币政策自主权的巨大代价。

中国由于从计划经济转向市场经济的历史还比较短，国民经济抵御市场风险能力以及进行宏观调控的政策手段和法律体系还不健全，因而中国采取了上面所述的第二种模式，即保持货币政策的独立性和稳定汇率，而对资本的自由流动进行了限制。但随着人民币国际化呼声越来越高，资本的自由流动将会在不久的将来得以实现，届时中国将会从第二种模式转为第一种模式，即保持本国货币政策的独立性和资本的完全流动性，放弃固定汇率制，而实行浮动汇率制。

"不可能三角"理论从"二战"后国际货币体系的发展中已经得到验证：在1945年至1973年的布雷顿森林体系中，各国"货币政策的独立性"和"汇率的稳定性"得以实现，但"资本流动"受到严格限制；而1973年以后，"货币政策独立性"和"资本自由流动"得以实现，但"汇率稳定"不复存在。"不可能三角"理论的妙处在于，它提供了一个一目了然地划分国际经济体系各形态的方法。

为什么贫者越贫，富者越富
——每天学点金融学原理

货币也会排斥异己的——劣币驱逐良币

"劣币驱逐良币"是经济学中的一个著名定律，在两种实际价值不同而面额价值相同的通货同时流通的情况下，实际价值较高的通货（所谓良币）必然会被人们熔化、收藏或输出而退出流通领域；而实际价值较低的通货（所谓劣币）反而会充斥市场。这就是著名的格雷欣法则。在现实生活中，我们也经常会看到类似的现象。

假定男A，男B，美女C，从客观条件和个人禀赋来看，男A较有优势，男B稍逊。若从资源配置来看，A、C结合实属大快人心，然而现实并非如此简单。A男因自身禀赋或客观条件好，选择面比较广,"吊死在一棵树上"的机会成本过大。而B男则相反,可能是"一无所有",索性"孤注一掷,拼命一搏"。这样B男在追求美女C的努力程度上显然会大于A男,而C女只能凭借对方的行为表现来评判其爱恋自己的程度。往往会被B男刻意粉饰的"海枯石烂,一心一意"的倾慕和忠诚而迷惑,被B男拖入婚姻的"围城"。于是,婚恋角逐画上了句号。

在铸币时代,当那些低于法定重量或者成色的铸币——"劣币"进入流通领域之后,人们就倾向于将那些足值货币——"良币"收藏起来。最后,良币将被驱逐,市场上流通的就只剩下劣币了。当事人的信息不对称是"劣币驱逐良币"现象存在的基础。因为如果交易双方对货币的成色或者真伪都十分了解,劣币持有者就很难将手中的劣币用出去,或者即使能够用出去也只能按照劣币的"实际"而非"法定"价值与对方进行交易。

18世纪20年代之后,由于某人不懈努力,白银终于变为非主流,黄金成为货币世界永恒的主题。某人,叫作艾萨克·牛顿,而且,与你认知的牛顿是同一个人。牛顿,是伟大的数学家、物理学家,是经典力学、微积分的奠基人。对物理和数学来说,牛顿是奠基人;对牛顿来说,物理和数学只是业余爱好。牛顿的本职工作,只是英国王室造币大臣。在这个职位上他一干就是三十多年,相当兢兢业业。

牛顿当政之前,"造币大臣"只是一个闲职,没有任何实权。各家银行自己发行银行券,自行铸造货币,日子过得那是相当滋润,关造币大臣何事。黄金为币,始于牛顿。

18世纪初,金银同为英国货币,但牛顿发现黄金越来越多,白银越来越少。因为,黄金在欧洲大陆购买力低于英国,白银的情况则恰恰相反。也就是说,在英国本土金贱银贵,在海外金贵银贱。

牛顿不但掏空了国库的白银家底,而且收购英国居民的银器,就是为了增加白银铸币。费了九牛二虎之力才拿出约700万英镑白银,依然不能扭转金贱银贵的局面,新铸的银币也在流通中消失得无影无踪了。

牛顿很伤心,伤心之后就明白了:既然黄金在本土便宜,无论铸多少银币都会被人藏起来,即所谓"劣币驱逐良币"。

"劣币驱逐良币"现象最早是由英国的托马斯·格雷欣爵士发现并加以明确表述的。格雷欣是英国著名的金融家、慈善家,格雷欣学院的创建者,英国王室财政顾问和金融代理人。1559年,他根据对当时英国货币流通状况的考察,上书英国女王伊丽莎白一世,建议收回成色不足的劣币,以防止成色高的良币外流,并重新铸造足值的货币,以维护英国女王的荣誉和英国商人的信誉。格雷欣在建议书中首次使用"劣币驱逐良币"的说法,指出由于劣币与良币按面额等值使用,因此人们往往把良币储藏起来

◇ 现实生活中的"劣币驱逐良币"的现象 ◇

终于把这些破旧的钱花出去了。

他还我的钱怎么这么旧！看来得想办法先花出去才行！

"劣币驱逐良币"的现象不仅在铸币流通时代存在，在纸币流通中也有。大家都会把脏脏、破损的纸币尽快花出去，而留下整齐、干净的货币。

平日乘公共汽车时，规矩排队者总是被挤得东倒西歪，几趟车也上不去，而不遵守秩序的人倒常常能够"捷足先登"。最后遵守秩序排队上车的人会越来越少。

您就收下吧，现在哪里有不收钱的领导呢！

官场上的腐败现象如同瘟疫一样蔓延，不贪污受贿损公肥私只能吃苦受穷，还常常被视为异己分子，以致廉吏越来越少。

上述的这些现象都是因为劣币驱逐良币原则在起作用，所以说，"劣币驱逐良币"这一现象在生活中比比皆是。

或运往外国使用。这样就出现市面上所流通的都是劣币，而良币被驱逐出流通领域的货币现象。

格雷欣法则是金属货币流通时期的一种货币现象。但随着时代变迁，金属货币被纸制货币所代替。第一代纸币是可兑换的信用货币，其主要的、完善的形式是银行发行的银行券。它是银行的债务凭证，承诺其持有人可随时向发行人兑换所规定的金属货币。所以，这一种纸币叫作可兑换纸币。第二代纸币是由银行券蜕化而成的不可兑换纸币，它通常由中央银行发行，强制通用，本身价值微乎其微，被认为是纯粹的货币符号。

英国经济学家马歇尔在其《货币、信用与商业》一书中写道："可兑换的纸币——即肯定可以随时兑换成金币（或其他本位硬币）的纸币——对全国物价水平的影响，几乎和面值相等的本位硬币一样。当然，哪怕对这种纸币十足地兑换成本位硬币的能力稍有怀疑，人们就会对它存有戒心；如果它不再十足兑现，则其价值就将跌到表面上它所代表的黄金（或白银）的数量以下。"显然，硬币是良币，可兑换纸币是劣币。在正常情况下，两者完全一样，但当纸币兑换成硬币发生困难时，其名义价值就会贬值，严重时就会发生挤兑。这时纸币就会被卖方拒收，流通困难，从而迫使其持有人不得不涌向发行银行要求兑换硬币。这种情况，实际上宣告格雷欣法则的失效，即已经不是作为劣币的纸币代替硬币，而是相反，人们将持有硬币以代替纸币。

在现实生活中，格雷欣法则实现要具备如下条件：劣币和良币同时都为法定货币；两种货币有一定的法定比率；两种货币的总和必须超过社会所需的货币量。

什么让你一夜暴富，或一夜破产——财务杠杆率

曾经的次贷危机使整个发达国家的金融体系受到波及，除新世纪金融公司、美国的Countrywide、英国的诺森罗克银行、北岩银行因其业务主要集中在抵押贷款领域而遭受重创外，花旗集团、美林证券、瑞士银行等大型综合银行和投资银行也都未能幸免。

美林有稳定的经纪业务，花旗有大量的零售银行业务和全球化的分散投资，瑞士银行有低风险的财富管理业务，一贯有着最高的信用评级，房地产抵押贷款只是它们利润来源的一小部分。但正是因为这个抵押贷款业务让这些金融寡头们遭受了沉重的打击。在20倍的高杠杆放大作用下，各大金融集团在次贷危机中的投资损失率竟然达到18%～66%，平均损失约30%。

所谓的杠杆率即一个公司资产负债表上的风险与资产之比率。杠杆率是一个衡量公司负债风险的指标，从侧面反映出公司的还款能力。一般来说，投行的杠杆率比较高，美林银行的杠杆率在2007年是28倍，摩根士丹利的杠杆率在2007年为33倍。

财务杠杆之所以叫杠杆，有它省力的因素。物理杠杆通过增加动力臂长度，提高动力的作用，来节省所付出的力量；而财务

杠杆则通过增加贷款数量来节约自有资金的支出，增加资金的流动性，进一步提高收益水平。这里需要符合一个基本的条件，就是贷款利率低于资金利润率，也就是说，用借来的钱赚得的钱要比借钱的利息高，否则贷得越多，赔偿的就会越多。

财务杠杆率等于营业利润与税前利润之比，反映的是由于存在负债，所产生的财务费用（利息）对企业利润的影响，在一定程度上反映企业负债的程度和企业偿债能力，财务杠杆率越高反映利息费用越高，导致 ROE 指标越低。

简单地讲就是把你的资金放大，这样的话你的资金成本就很小，同时你的风险和收益就放大了，因为盈亏的百分比不是依据原来的资金，而是根据放大后的资金来衡量的。也可以把财务杠杆简单看作是公司利用债务资产的程度，即公司负债与公司净资产的比值。可以确定的是，该比值越高，公司的杠杆比率就越大，说明公司的经营风险越高；比值越低，公司的杠杆比率就越低，公司的经营风险也就越低。

财务杠杆是用公司的资本金去启动更多的资金，在金融学中，经常用杠杆比例这一指标来表示。杠杆比例是总资产与净资产之比，这一比例越高，风险就越大。我们从一个简单的例子来看看高杠杆所带来的高收益与高风险。

以投资股票为例，假如某投资者有 1 万元可用于投资，欲购买 A 股票，当前价格 10 元，他可买 1000 股，在不计手续费的情

◇ 高杠杆率对投行的影响 ◇

很多投资银行在追求暴利的驱使下，采用 20~30 倍的杠杆操作。

假设一个银行 A 自身资产为 30 亿，30 倍杠杆就是 900 亿。也就是说，银行 A 以 30 亿资产为抵押去借 900 亿的资金用于投资。

↓

假如投资盈利 5%	假如投资亏损 5%
A 就获得 45 亿的盈利	A 就亏损 45 亿
相对于 A 自身资产而言，这是 150% 的暴利	银行 A 赔光了自己的全部资产还欠 15 亿

通过以上的分析可以看出，高杠杆率对投行的影响是双向的。

它能放大投行的盈利	它也能放大投行的风险损失
	其资产的小幅减值或业务的微小损失都有可能对孱弱的资本金造成严重冲击，令其陷入绝境。

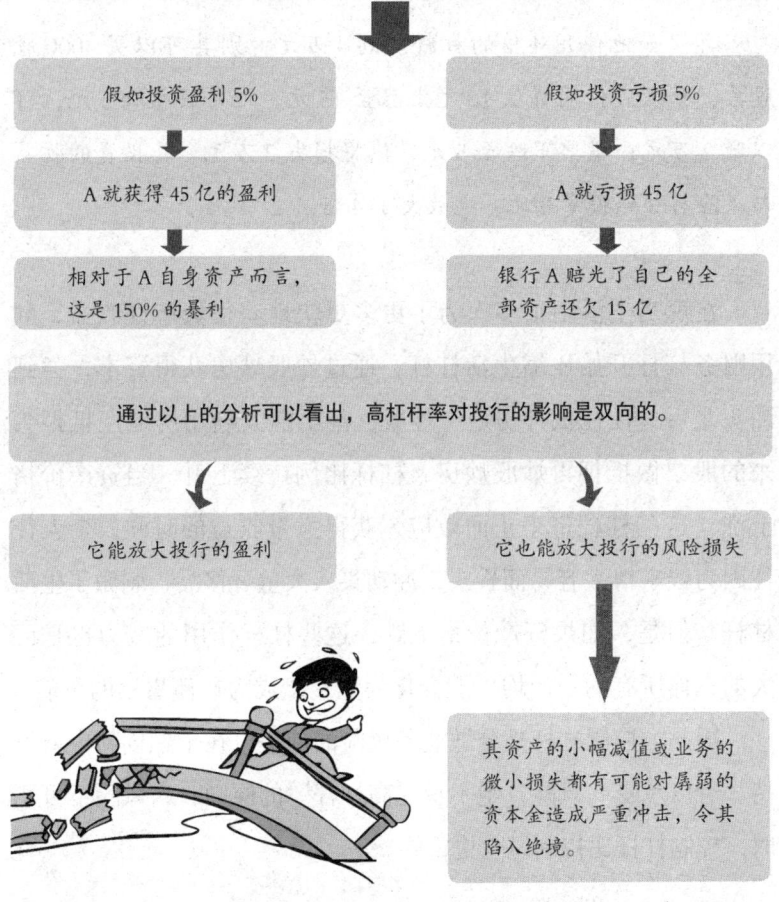

况下，股价上涨至15元，他可获利5000元；股价下跌至5元，他将损失5000元。

又假如他可以按1∶1的比例融资（其杠杆是2倍），那么，他可购买2000股A股票。股价上涨至15元，他可获利1万元；股价下跌至5元，他将损失1万元。如此，收益和风险都扩大了两倍。

再假如他使用4倍的杠杆融到4万元，则其可以买4000股股票，如果股价同样从10元上涨至15元，他每股盈利5元，可以赚2万元；股票下跌至5元，他将损失2万元。其投资的收益与风险与初始投资相比，也放大了4倍。

在现实生活中很多人为了更多更快地获得资产性收益，利用财务杠杆开始压缩生活杠杆，通过炒股炒房获得资本，尝到甜头之后，往往抵押房地产炒股，甚至继续利用房地产抵押买来的股票做抵押再炒股炒房，杠杆比例持续上升。当资产价格上涨，这些杠杆带来正面效应，获得大量收益的时候，个人往往因为钱来得太容易而昏头，冲动买入大量奢侈品，刺激了生活杠杆。但是，如果资产价格下跌，这些杠杆作用的威力也是巨大的，你所有的资产均可能会化为泡影，成为负债累累的负翁。

因此，控制杠杆是分散业务风险的前提，在金融创新中要秉持"可以承受高风险，绝不承受高杠杆"的原则，当风险不可测时，控制杠杆比控制风险更重要。

随大流是明智还是愚蠢——博傻理论

在艺术品市场中，商品琳琅满目，很多人对艺术品一知半解，也完全不管某件艺术品的真实价值，即使它一文不值，也愿意花高价买下。这是因为大部分人都在期望会有比自己更不在行的人，可能会凭借一时冲动，或者喜欢它的做工和外表，而再以更高的价格从自己手中买走。投资成功的关键就在于能否准确判断究竟有没有比自己更大的笨蛋出现。只要你不是最大的笨蛋，就仅仅是赚多赚少的问题。如果再也找不到愿意出更高价格的更大笨蛋从你手中买走这件艺术品的话，那么，很显然你就是最大的笨蛋了。

"博傻理论"所要揭示的就是投机行为背后的动机，关键是判断是否有比自己更大的笨蛋，只要自己不是最大的笨蛋，那么自己就一定是赢家，只是赢多赢少的问题。如果再没有一个愿意出更高价格的更大笨蛋来做你的"下家"，那么最终最大的笨蛋就是你。任何一个投机者对"最大的笨蛋"理论都深信不疑。

那什么是博傻？在股票和期货市场上，博傻是指在高价位买进股票，等行情上涨到有利可图时迅速卖出。这种操作策略通常被市场称为傻瓜赢傻瓜，所以只能在股市处于上升行情中适用。从理论上讲博傻也有其合理的一面，博傻策略是高价之上还有高价，低价之下还有低价，其游戏规则就像接力棒，只要不是接最后一棒都有利可图，做多者有利润可赚，做空者减少损失，只有接到最后一棒者倒霉。投机狂潮最有力的动机解释就是博傻理论。

　　1593年，一位维也纳的植物学教授到荷兰的莱顿任教，他带去了在土耳其栽培的一种荷兰人此前没有见过的植物——郁金香。荷兰人对此非常痴迷，于是教授认为可以大赚一笔，但是他所出示的高价令人望而却步。不得不让人想到了其他秘密的举动。终于在一个深夜，教授带来的全部郁金香球茎都被一个窃贼收入囊中，并以比教授低很多的价格很快卖空。

　　郁金香就以这种方式出现在荷兰人的花园里。后来郁金香受到花叶病的侵蚀，病毒使花瓣生出一些反衬的彩色条纹或"火焰"。富有戏剧性的是带病的郁金香成了珍品，以致一个郁金香球茎越古怪价格越高。于是有人开始囤积病郁金香，又有更多的人出高价从囤积者那儿买入并以更高的价格卖出。1638年，最大的笨蛋出现了，持续了五年之久的郁金香狂热悲惨落幕，球茎价格竟然跌到了一只洋葱的售价。

　　经济学家凯恩斯认为，专业投资者不愿将精力用于估计内在价值，而宁愿分析投资大众将来如何作为，分析他们在乐观时期如何将自己的希望建成空中楼阁。成功的投资者会估计出什么样的投资形势最容易被大众建成空中楼阁，然后在大众之前先行买入股票，从而占得市场先机。

◇ 博傻行为的两种类型 ◇

博傻行为，可以分为两种：

1. 感性博傻

也就是说在行动时不知道自己已经进入一场未知结果的博傻游戏。

2. 理性博傻

这种行为是行为人清楚地知道博傻及其相关的规则，只是相信一定有更傻的投资者会介入，因此会拿少量的资金来赌一把。

在如此这般疯狂的投资世界，每分钟都会诞生无数个傻瓜——他之所以出现就是要以高于你投资支付的价格购买你手上的投资品。只要有其他人愿意支付更高的价格，再高的价格也不算高。发生这样的情况，正是大众心理在发酵。

凯恩斯本身也是因为在投机行为中发现了"博傻理论"。

经济学家凯恩斯为了能够专注地从事学术研究，经常出外讲课以赚取课时费，但课时费的收入毕竟是有限的，在不满足的情况下，他在1919年8月，借了几千英镑去做远期外汇这种投机生意。仅仅4个月的时间，凯恩斯净赚1万多英镑，这相当于他讲课10年的收入。刚开始有惊无险，狂妄之余仍然任由自己的欲望膨胀，仅仅3个月之后，凯恩斯就把赚到的利润和借来的本金输了个精光。赌徒的心理是输掉的总要想尽办法赢回来，上帝总是眷顾幸运的人，结果7个月后，凯恩斯又涉足棉花期货交易，又大获成功。

此间凯恩斯把期货品种几乎做了个遍，而且还涉足股票。到1937年他因病而"金盆洗手"的时候，他已经积攒起一生享用不完的巨额财富。

与一般赌徒不同，作为经济学家的凯恩斯在这场投机的生意中，除了赚取可观的利润之外，最大也是最有益的收获是发现了"笨蛋理论"，也有人将其称为"博傻理论"。

始于1720年的英国股票投机狂潮有这样一个插曲：一个无

名氏创建了一家莫须有的公司。自始至终无人知道这是什么公司，但认购时近千名投资者争先恐后把大门挤倒。没有多少人相信它真正获利丰厚，而是预期更大的笨蛋会出现，价格会上涨，自己要赚钱。饶有意味的是，牛顿参与了这场投机，并且不幸成了最大的笨蛋。他因此感叹："我能计算出天体运行，但人们的疯狂实在难以估计。"

理性博傻能够赚取利润的前提是，会有更多的傻子来跟风，这是对大众心理的判断，当投资者发现当前的价位已经偏高准备撤离时，市场的高点也真正到来了。所以"要博傻，不是最傻"这句话说起来简单做起来并不容易，没有人能准确地判断出会有多少更傻的人介入，一旦理性博傻者成为最大的傻瓜，那么为何当初会加入理性博傻的队伍中。所以参与博傻的前提是要对大众心理进行研究和分析，并控制好自己的心态。对于博傻现象，完全放弃也不一定是完全合理的理性，在自己可以完全掌控的状况下，适当保持一定的理性博傻，也不失为一种投资策略。

贫者越贫，富者越富——马太效应

《圣经》中有这样一个故事：一位富人将要远行去国外，临走之前，他将仆人们叫到一起并把财产委托给他们保管。主人根据每个人的才干，给了第一个仆人五个塔伦特（注：古罗马货币单位），第二个仆人两个塔伦特，第三个仆人一个塔伦特。拿到五个塔伦特的仆人把它用于经商，并且赚到了五个塔伦特；同样，拿到两个塔伦特的仆人也赚到了两个塔伦特；但拿到一个塔伦特的仆人却把主人的钱埋到了土里。过了很长一段时间，主人回来了。拿到五个塔伦特的仆人带着另外五个塔伦特来见主人，他对自己的主人说："主人，你交给我五个塔伦特，请看，我又赚了五个。""做得好！你是一个对很多事情充满自信的人，我会让你掌管更多的事情，现在就去享受你的土地吧。"同样，拿到两个塔伦特的仆人带着他另外两个塔伦特来了，他对主人说："主人，你交给我两个塔伦特，请看，我又赚了两个。"主人说："做得好！你是一个对一些事情充满自信的人，我会让你掌管很多事情，现在就去享受你的土地吧。"最后，拿到一个塔伦特的仆人来了，他说："主人，我知道你想成为一个强人，收获没有播种的土地。我很害怕，于是就把钱埋在了地下。看那里，埋着你的钱。"主人斥责他说："又懒又缺德的人，你既然知道我想收获没有播种的土地，那么你就应该把钱存在银行，等我回来后连本带利还给我。"说着转身对其他仆人说："夺下他的一个塔伦特，交给那个赚了五个塔伦特的人。""可是他已经拥有十个塔伦特了。""凡是有的，还要给他，使他富足；但凡没有的，连他所有的，也要夺去。"

  这个故事出自《新约·马太福音》。20世纪60年代，知名社

◇ 社会现象中的马太效应 ◇

马太效应是指好的愈好，坏的愈坏，多的愈多，少的愈少的一种现象，广泛应用于社会心理学、教育、金融以及科学等众多领域。

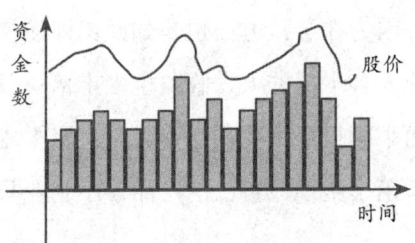

股市中的马太效应。股票价格水平的升降与股市的增量资金数额和存量资金的周转速度呈正相关关系。

品牌资本的马太效应。某个行业或产业的产品或服务，品牌知名度越大，品牌的价值越高，其忠实的消费者就越多，其占有的市场份额就越大。

会学家罗伯特·莫顿首次将"贫者越贫,富者越富"的现象归纳为马太效应。

马太效应无处不在,无时不有。任何个体群体或地区,一旦在某一个方面如金钱、名誉、地位等获得成功和进步,就会产生一种积累优势,就会有更多的机会取得更大的成功和进步。如今,马太效应在经济领域的延伸意义就是贫者越贫,富者越富。

其实这一点很容易理解,因为在金钱方面也是如此:即使投资报答率相同,一个本钱比他人多十倍的人,收益也多十倍;股市里的大庄家可以兴风作浪而小额投资者往往血本无归;资本雄厚的企业可以纵情运用各种营销手腕推广自己的产品,小企业只能在夹缝中生活。

随着社会的发展,渐渐地马太效应适用的领域越来越广泛。经济学规律告诉我们,财富的增减有时候以几何的形式呈现。每一个有志于扩张财富的人,都应掌握财富增长的规律,去实现自己的计划。

对于投资者来说,储蓄和投资是积累财富的两大重要途径。从表面上看似乎是最没有风险的,而且可以获得稳定的利息,殊不知在低利率时代仅仅依靠储蓄不可能满足你积累财富的要求。因为通货膨胀一方面会使你手中的货币贬值;另一方面投资会使以货币计量的资产增值,你持有了能够增值的资产,自然就不用担心资金购买力的侵蚀了。

我们先看个案例:

光成和青楠是同一个公司的职工，他们每月的收入都是2000元，光成刚开始每个月从工资中扣除400元存在银行做储蓄，经过3年，积累了近15000元。然后，他将其中的5000元分别存在银行和买了意外保险。再将剩下的1万元投资了股市。起初，股票上的投资有赔有赚，但经过2年多的时间，1万元变成了4万元多，再加上后面两年再投入的资本所挣得的赢利以及留存在银行里的储蓄，他的个人资产差不多达到了七八万。

　　而青楠则把钱全都存在了银行，5年下来扣除利息税，再加上通货膨胀，他的钱居然呈现了负增长。也就是说如果他和光成一样，每月存400元，那5年后，他的存款也不过是25000元，再扣除通货膨胀造成的损失（假定为0.03%）7.5元，则剩下24992.5元。

　　5年的时间，就让两个人相差将近5万元！一年就是1万，那么40年后呢？就是更大的数字了。而且，光成因为积蓄的增多，还会有更多的机会和财富进行投资，也就是能挣更多的钱。青楠则可能因为通货膨胀，积蓄变得更少。

　　案例正应了马太效应里的那句话，让贫者更贫，让富者更富。即便是再少的钱财，只要你认真累积，精心管理，也会有令人惊讶的效果，并让你有机会、有能力更加富有。

　　一些工薪族认为，每个月的工资不够用，即便省吃俭用也没剩下多少。即便理财，效果也不大，还有必要理财吗？

这种想法是错误的。只要理财，再少的钱都可能给你带来一份收益，而不理财则再多的钱也会有花光的时候。再者，理财中还有一种奇特的效应，叫作马太效应。只要你肯理财，时间久了，也就积累了更多的财富，有更多的机会收获成功。不要让你的财富陷入负增长的不健康循环中去，善理财者会更富有，而不懂得运作金钱赚钱的人会日益贫穷，这就好比《马太福音》中的那句经典之言：让贫者越贫，富者越富！

不可违背的"太太定律"——市场意志原理

投资基于信念。比如，同样的消息释放出来，听闻的投资者会有截然不同甚至相反的理解；不同的分析师也会根据不同的数据得出五花八门的结论；所有的交易单，有多少买方就必定有多少卖方。市场里的每一位交易者，其实都是在根据自己的"信念系统"进行交易。而所谓的"基本面研究"和"技术分析"，不过是辅助手段，或者说让自己的交易单下得更加符合自己的心理预期。

信念是认知、情感和意志的有机统一体，是人们在一定的认识基础上确立的对某种思想或事物坚信不疑并身体力行的心理态度和精神状态。对于市场信念各学派有着不同的见解。

奥地利学派的信念是：市场是自然的函数，任何人都不能对抗自然，而只能顺应自然。奥地利学派相信，个体与整体受同

◇ "相信自然"与"相信意志"◇

"相信自然"与"相信意志",是两个水火不容的信念。信念的区别决定了思维的差异。例如,看涨黄金与看涨美元就是一个典型。

—— 为什么贫者越贫,富者越富
——每天学点金融学原理

样的规则约束。如果说某种原则对个人有益，譬如节俭，那么对私有实体、国家也同样有益。经济学不存在任何的"集合悖论"，也不应人为地规划所谓的"宏观经济学"和"微观经济学"。

自然界有既定的自然规律，比如阴阳交替，潮涨潮落，那么人类本身也难逃自然规律而经历繁荣和衰败，经济活动是人所为，也无法摆脱自然的约束。奥地利学派认为，经济荣枯循环不可避免。任何国家都不可能无休止地维持增长，当乐观情绪蔓延，每个人都以为自己只需炒股投资，坐收渔利的时候，实际的储蓄逐渐被耗尽，财产的消亡必会来临。在衰退期，最好的方式就是顺其自然，不要与经济规律对抗。

经济学家凯恩斯学派的信念则完全相反，认为市场是"人类意志"的函数，是可以依靠人力改变的。他们否认个体与整体的同一性，主张用两套理论解释经济：研究国家用"宏观经济学"，研究个人行为和公司行为则用"微观经济学"。凯恩斯之所以如此"创新"，很可能是受到了当时物理学界变革的影响，那时牛顿的万有引力定律饱受质疑，而量子力学则方兴未艾。物理学家倾向于用量子力学解释微观的原子，而仍然沿用牛顿定律来解释宏观的天体。

然而经过时代的变迁，物理学家已经发现了这种人为界定"宏观"与"微观"的缺陷。天体是由原子所组成，国家是由个人所组成，一国的经济活动也是无数个人行为的结果。究竟哪一点才是宏观与微观的界线？

现代科学已经证实，宇宙的规律在于"分形"，即在不同尺度显现出同样的规律，彼此相似却不尽相同。自然界处处都是分形的例子。例如海岸线，无论是放大100倍还是缩小到1%，都是海岸线的形状，你无法区分出自己看到的究竟是哪个尺度的海岸线。类似的还有山脊、雪花，以及天体每个层级的公转无不显现出分形的特质。同样，在市场中，艾略特的波浪理论清晰地展示了各个浪级之间的关系。但是和自然界所有其他分形一样——相似但不尽然。你无法发现两条完全一样的海岸线，也无法看到两组完全一样的波浪形态。

遗憾的是，凯恩斯主义者永远也不认同人类经济活动遵循分形的规律。勤俭节约对个人和家庭是美德，但到了社会层级，就变成了坏事。

凯恩斯主义者还把人类意志独立在自然之外，相信依靠人的力量可以扭转经济走势。一旦经济低迷，就用放松货币的方式实施刺激，从而实现恒久增长，彻底消除起伏不定的经济周期。总而言之，就是"人定胜天"。他们相信，市场不必由"虚无缥缈"的自然规律左右，而完全可以依靠决策者的财政或货币政策来控制。

信念的分歧会产生交易。有人可能会问：黄金从200美元上升到1900美元，为什么却总是有人愚蠢地卖出或做空？如果你认为市场是自然的函数，就应该顺应市场；若相信人的意志（或强权意志）可以改变市场，相信"人定胜天"，那么就会本能地选择与市场对抗。

自里根政府大力缩减政府职能,将很多原来由国家控制的工业放手推向市场以来,美国人一直陶醉在自由经济耀眼迷离的光环之中。20世纪60年代总共只占到美国国民生产总值的4%的金融业和保险业在放开监管的宽松环境里追逐利益迅速膨胀,到2006年已经占到了国民生产总值的8%。这个庞大体系内的游戏参与者以超过自身资金储备几十甚至几百倍的杠杆率相互借贷套利并转嫁风险,在没有裁判的情况下攫取似乎没有穷尽的利润。

但席卷全球的金融风暴让美国人从云端跌落下来。2009年2月份29万处房产因房主无法还贷而收到强制拍卖通知,比2008年同期再上升30%。3月份全美失业人口达到1320万,失业率再创新高达到8.5%。摔得鼻青脸肿的人们,带着满身伤痛互相质问:"这到底是为什么?"这正是自由市场信念过度的结果。

因此,用人的意志来左右市场,或许只会给信奉自然的信徒们一个无风险的交易机会而已。如果违背经济规律,风险将无处不在。

"债务"跟着"资产"走——资本收腰术

我们要理解债务和资产的关系,必须先领会下面这个等式:资产=负债+所有者权益。

简单地讲,资产是一家公司所拥有的可以计量的经济资源;

负债是指公司的债务；而所有者权益（净资产）也就是公司资产减去负债的余额，它是公司股东真正享有的财产。资产、负债与所有者权益这三个概念中，最易理解的是负债，也就是欠了别人的钱（或者货物等有形资产、无形资产等）。所有者权益属于账面概念。负债通过各种凭证和票据、协议、合同等可查。但所有者权益不同，其数额是通过资产减去负债演算出来的。

从本质上讲，资产是一种经济资源，通过使用这种资源，可以给企业带来经济利益。了解第一恒等式的平衡关系，可以透过资产负债表了解上市公司的任何一项涉及资产负债表的经营活动，投资者都要从多方面评估其表象和后果，这样才能准确把握经营活动的真正意义。

为了更加明确和凸显流动资产与流动负债的关系，反映上市公司的短期偿债能力，我们一般会使用流动比率：流动比率=流动资产/流动负债。

经验及大量数据表明，一般而言，制造类上市公司合理的最佳流动比率是2，最低也至少要大于1。这是因为，在流动资产中，变现能力最差的存货约占流动资产的一半，其余流动性较大的各类流动资产至少要等于流动负债。只有这样，公司的短期偿债能力才会有保证。因此，流动比率越高说明公司的偿债能力也就越强。

但是，值得投资者注意的是有时候流动比率高，并不是一家优秀公司的标志。相反，流动比率接近1，往往是一家优秀公司的表现。

比如某家电连锁零售企业，该公司2008年第三季度报告显示，其流动资产与流动负债的比是1.28∶1。从一般的角度看，这个比值已经很低了，似乎风险不小。但仔细研究其短期负债构成就会发现，真正的短期借款（银行短期贷款）只有2.18亿元，在流动负债总额159亿元中，所占比例很低，而流动负债中占大比例的是应付票据与应付账款，两者共计144亿元。

我们可以推测，应付票据与应付账款的形成，是由于先进了家电制造商的货去出售，但进货的钱还没有付给这些供货商。

这实际上意味着，这家企业在用供货商的资金经营自己的业务，而且这种借款不用付利息。综上所述，投资者在遇到上市公司流动比率较低时，不可一味地高估其短期偿债风险，而是要仔细研究其流动负债构成与流动资产构成，同时结合其所经营的业务进行分析。

一般来说，出于风险控制的考虑，银行给一些企业贷款，往往倾向于贷短不贷长，也就是希望提供短期贷款而不是长期贷款。因为长期贷款还款时间过长，风险随之增加。但是反过来，企业去银行贷款，一般会倾向于借长不借短。因为长期借款可以大幅降低上市公司短期内的还本付息压力。

长期借款与短期借款之比，体现了银行对公司盈利能力与偿

◇ 资产 ◇

所谓资产指企业拥有或控制的能以货币计量的经济资源，包括各种财产、债权和其他权利。

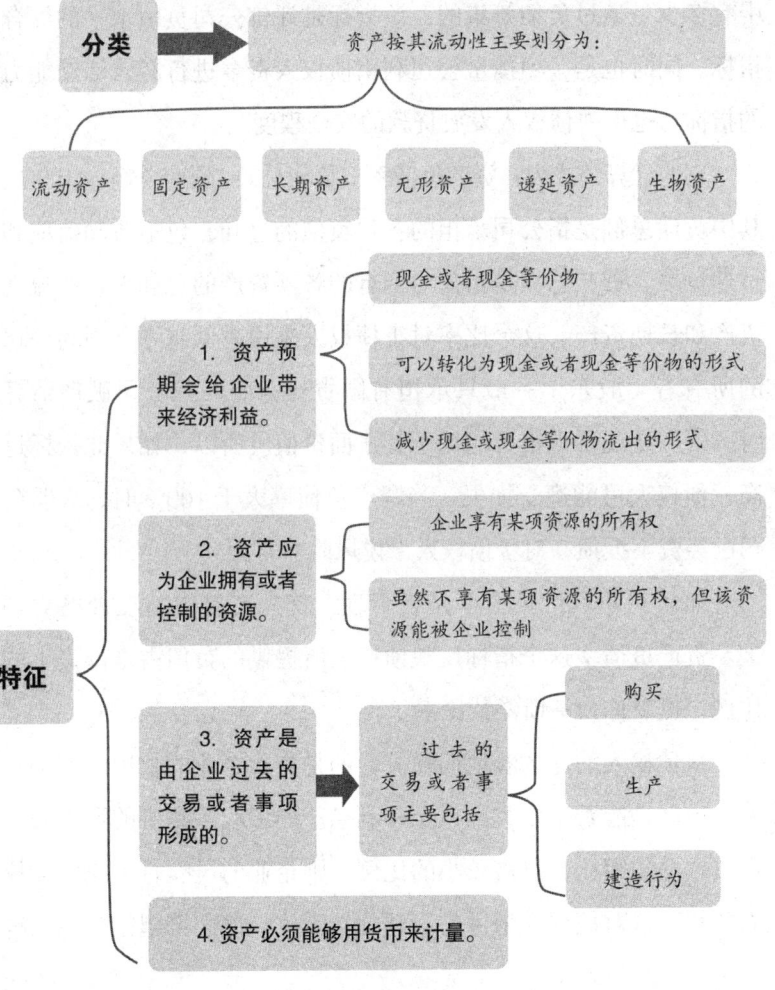

债能力的信心，投资者可以根据银行对企业的偿债能力考量来作为评估企业价值的一个标准。

资产与负债的关系涉及一个比率就是资产负债率，它是指公司年末的负债总额同资产总额的比率。这个比率表示公司总资产中有多少是通过负债筹集的，该指标是评价公司负债水平的综合指标。同时也是一项衡量公司利用债权人资金进行经营活动能力的指标，也反映债权人发放贷款的安全程度。

它的计算公式为：资产负债率＝负债总额/资产总额 ×100%。其中负债总额是指公司承担的各项负债的总和，包括流动负债和长期负债。资产总额是指公司拥有的各项资产的总和，包括流动资产和长期资产。这个比率对于债权人来说越低越好。因为公司的所有者（股东）一般只承担有限责任，而一旦公司破产清算时，资产变现所得很可能低于其账面价值。所以，如果此指标过高，债权人可能遭受损失。当资产负债率大于100%时，表明公司已经资不抵债，对于债权人来说风险非常大。

如何判断资产负债率是否合理？首先要看你站在谁的立场上。资产负债率这个指标反映债权人所提供的负债占全部资本的比例，也被称为举债经营比率。

从债权人的立场看他们最关心的是贷给企业的款项的安全程度，也就是能否按期收回本金和利息。如果股东提供的资本与企业资本总额相比，只占较小的比例，则企业的风险将主要由债权人负担，这对债权人来讲是不利的。因此，他们希望债务比例越低越好，企业偿债有保证，则贷款给企业不会有太大的风险。

从股东的角度看，由于企业通过举债筹措的资金与股东提供的资金在经营中发挥同样的作用，所以，股东所关心的是全部资本利润率是否超过借入款项的利率，即借入资本的代价。在企业所得的全部资本利润率超过因借款而支付的利息率时，股东所得到的利润就会加大。如果相反则对股东不利，因为借入资本的多余的利息要用股东所得的利润份额来弥补。因此，从股东的立场看，在全部资本利润率高于借款利息率时，负债比例越大越好，否则反之。

从经营者的立场看如果举债很大，超出债权人心理承受程度，企业就借不到钱。如果企业不举债，或负债比例很小，说明企业畏缩不前，对前途信心不足，利用债权人资本进行经营活动的能力很差。

因此，企业应当审时度势，全面考虑，在利用资产负债率制定借入资本决策时，必须充分估计预期的利润和增加的风险，在二者之间权衡利害得失，做出正确的决策。

看透钱的本质，就了解了金融的真谛
——每天学点货币知识

货币的起源：谁人不识孔方兄

在太平洋某些岛屿和若干非洲民族中，以一种贝壳——"加马里"货币来购物，600个"加马里"可换一整匹棉花。再如美拉尼西亚群岛的居民普遍养狗，所以就以狗牙作为货币，一颗狗牙大约可买100个椰子，而娶一位新娘，必须给她几百颗狗牙作为礼金！

在太平洋加罗林群岛中的雅浦岛，这里的居民使用石头货币。这里每一枚货币叫作"一分"，但这样的一"分"，绝不可以携带在身上。因为它是一个"庞然大物"——圆形石头，中心还有一个圆窟。照当地人的规定，"分"的体积和直径越大，价值就越高。因此有的价值高的"分"的直径达到5米。这种货币是

◇ 货币的演变过程 ◇

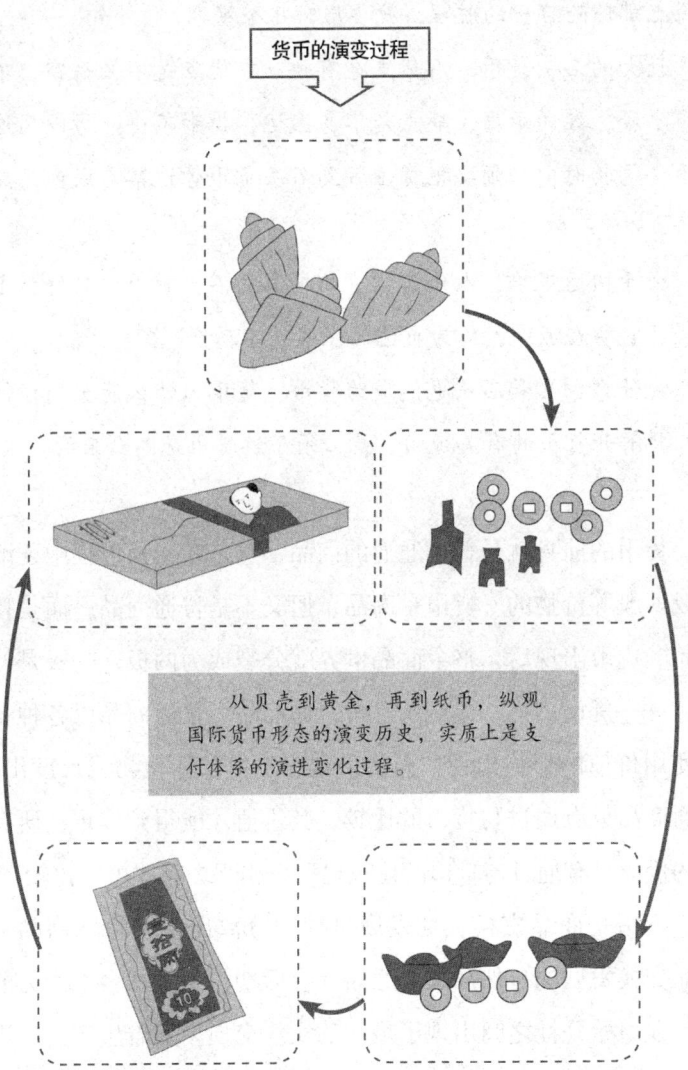

从贝壳到黄金,再到纸币,纵观国际货币形态的演变历史,实质上是支付体系的演进变化过程。

用石灰岩的矿物——文石刻成的，但雅浦岛上没有文石，当地人要远航到几百里外的帕拉乌岛把大石打下，装在木筏上运回。单是海上那惊险百出的航程，就要历时几个星期。

巨大的石头货币，有优点也有缺点，优点是不怕盗窃，不怕火烧水浸，经久耐磨，缺点是不易搬运，携带不得。所以用这种货币去购物时，必须要把货主带到石头货币旁边察看成色，然后讲价。

由于搬运艰难，人们卖掉货物换来的石头货币，只好打上印戳，让它留在原地，作为自己的一笔"不动产"。

为什么狗牙和石头也能成为货币？货币为什么能买到任何东西？要解开货币的有关疑问，就必须了解货币是怎么来的。

货币的前身就是普普通通的商品，它是在交换过程中逐渐演变成一般等价物的。货币是商品，但又不是普通商品，而是特殊商品。货币出现后，整个商品世界就分裂成为两极，一极是特殊商品——货币，另一极是所有的普通商品。普通商品以各种各样的使用价值的形式出现，而货币则以价值的体化物或尺度出现，普通商品只有通过与货币的比较，其价值才能得到体现，所有商品的价值只有通过与货币的比较之后，相互之间才可以比较。

货币是商品交换长期发展过程中分离出来的特殊商品，是商品交换发展的自然结果。原始社会后期，由于社会生产力的发展，在原始公社之间出现了最初的实物交换。随着生产力的进一步发展，商品交换逐渐变成经常的行为。但是，直接的物物交换中常会出现商品转让的困难，必然要求有一个一般等价物作为交换的媒介。

美国著名的金融学家米什金在其著作《货币金融学》中提到，任何履行货币功能的物品必须是被普遍接受的——每个人都愿意用它来支付商品和服务。一种对任何人而言都具有价值的物品是最有可能成为货币的。于是，经过长期的自然淘汰，商品货币发展到后期，人们自然地选择金银等贵金属作为支付货币。在绝大多数社会里，作为货币使用的物品逐渐被金属所取代。使用金属货币的好处是它的制造需要人工，无法从自然界大量获取，同时还易储存。数量稀少的金、银和冶炼困难的铜逐渐成为主要的货币金属。

随着文明的发展，人们逐渐建立了更加复杂而先进的货币制度。人们开始铸造重量、成色统一的货币。这样，在使用货币的时候，既不需要称重量，也不需要测试成色，方便得多。货币上面通常印有国王或皇帝的头像、复杂的纹章和印玺图案，以免伪造。

中国最早的金属货币是商朝的铜贝。商代在我国历史上也称青铜器时代，当时相当发达的青铜冶炼业促进了生产的发展和交易活动的增加。于是，在当时最广泛流通的贝币由于来源的不稳定而使交易发生不便，人们便寻找更适宜的货币材料，自然而然集中到青铜上，青铜币应运而生。人们将其称为铜贝。随着冶炼技术的发达，铜不再是稀贵的金属，人们开始用更加难以获得的金和银作为铸造货币的金属材料。此后相当长的一段时间内，金银都是被普遍使用的货币。16世纪，哥伦布发现"新大陆"，大量来自美洲的黄金和白银通过西班牙流入欧洲，金银货币更加得到了世界范围内的流通。

在金融学中，由贵金属或其他有价值的商品构成的货币统称为商品货币。在人类发展的很长一段时间之内，几乎在任何一个国家和社会中，商品货币都发挥了交易媒介的功能。但随着人类文明的发展，商品货币还是被淘汰了，原因在于金属货币太重了，使用不方便，并且流通困难，很难从一地运送到另一地。因此，纸币也就应运而生了。

中国北宋时期四川成都出现了一种"交子"，这就是世界上最早的纸币。北宋初年，成都一带商业十分发达，通货紧张，而当时铸造的铁钱却流通不畅。于是当地16家富户开始私下印制一种可以取代钱币、用楮树皮造的券，后来被称作"交子"。当地政府最初想取缔这种"新货币"，但是这种"新货币"在经济流通中作用却十分明显，于是决定改用官方印制。但是"交子"的诞生地却一直没人发现。

后据历史考证，"交子"最早在成都万佛寺内印制。《成都金融志》中说："北宋益州的'交子铺'实为四川历史上最早的货币金融机构，而益州的交子务则是最早由国家批准设立的纸币发行机构。""交子"的出现，便利了商业往来，弥补了现钱的不足，是我国货币史上的一大业绩。此外,"交子"作为我国乃至世界上发行最早的纸币,在印刷史、版画史上也占有重要的地位,对研究我国古代纸币印刷技术有着重要意义。

今天,我们已经不用金元宝或银锭、铜板买东西了,而是用一些"纸"。这些"纸"的价值几乎可以忽略不计,但是它却有神奇的力量,可以换来任何你想要的东西,甚至连黄金也可以交换,这似乎让人觉得不可思议。

在商品货币时代,金属货币使用久了,就会出现磨损,变得不足值。人们就意识到可以用其他的东西代替货币进行流通,于是就出现了纸币。纸币在货币金融学中最初的定义为发挥交易媒介功能的纸片。最初,纸币附有可以兑现金属货币的作用,但是最后演变为不兑现纸币。不兑现纸币是不能兑换成黄金或者白银的,但它却拥有同样的购买力,因为它的购买力源于政府的权威和信誉。只要政府宣布它为法定偿还货币,那么在支付债务时,人们都必须接受它,而不能再把它转化为金属货币后再支付。这样一来,纸币比金属货币轻得多,流通方便,加上不需要耗费昂贵的原材料,于是很快就被人们接受了。

纸币出现的另一个深层次原因是由此建立的法定货币体制彻底摆脱了黄金和白银对货币总量的制约,这使得当局对货币的控制更加有弹性、更加灵活。如果这样,政府可以无限制地增加货币供应来获得收益。当然,由此引发的通货膨胀问题逐渐被引导到经济学研究的重要课题上。凯恩斯对此曾说:"用(通货膨胀）这个办法，政府可以秘密地和难以察觉地没收人民的财富，一百万人中也很难有一个人能够发现这种偷窃行为。"而这些都是建立在以不兑现纸币为基础的法定货币体制之上的。

其实严格来说，纸币并不是货币，因为货币是从商品中分离出来的、固定充当一般等价物的商品。纸币由于没有价值，不是商品，所以也就不是货币。在现代金融学中，纸币是指代替金属货币进行流通，由国家发行并强制使用的货币符号。今天我们使用的人民币或者美元等都是由国家信用作为保障强制流通的货币符号。而纸币本身没有和金属货币同样的内在价值，它本身的价值也比国家确定的货币价值小得多，它的意义在于它是一种货币价值的符号。因为它可以执行货币的部分功能：流通手段和支付手段，部分国家的纸币还可以执行世界货币职能（如美元、欧元、人民币等）。纸币的发行量由国家决定，但国家不能决定纸币的实际价值。

货币功能：货币为什么能买到世界上所有的商品

经济学家艾文只能做一件事：讲授经济学原理。物物交换的经济社会中，如果艾文想要获得食物，他就必须找到一个农场主，这个农场主必须既生产他所喜欢的食物，又想学习经济学。可以想象，这需要一定的运气和大量的时间。如果我们引入货币，情况又如何呢？艾文可以为学生讲课，收取货币报酬。然后艾文可以找到任何农场主，用他收到的钱购买他所需要的食物。这样需求的双重巧合问题就可以避免了。艾文可以节省大量的时间，用这些时间，他可以做他最擅长的事：教书。

从这个例子中可以看到，货币大大降低了花费在交换物品和劳务上的时间，提高了经济运行的效率。同时，它使人们可以专注于他们最擅长的事情，同样也可提高经济运行的效率。因此，货币就是买卖的桥梁，是商品流通的中介。在一手交钱、一手交货的买卖中，货币承担着交易媒介的功能。从远古时期的贝壳，到后来的金银铜，再到纸币，再到现在的电子货币，货币的每一次进步都使买卖变得更加便利。

想要了解货币具有哪些功能，我们需要从以下几个方面来认识货币。

1. 价值尺度

正如衡量长度的尺子本身有长度，称东西的砝码本身有重量一样，衡量商品价值的货币本身也是商品，具有价值；没有价值的东西，不能充当价值尺度。

在商品交换过程中，货币成为一般等价物，可以表现任何商品的价值，衡量一切商品的价值量。货币在执行价值尺度的职能时，并不需要有现实的货币，只需要观念上的货币。例如，1辆自行车值200元人民币，只要贴上个标签就可以了。当人们在做这种价值估量的时候，只要在他的头脑中有多少钱的观念就行了。用来衡量商品价值的货币虽然只是观念上的货币，但是这种观念上的货币仍然要以实在的货币为基础。人们不能任意给商品定价，因为，在货币的价值同其他商品之间存在着客观的比例，这一比例的现实基础就是生产两者所耗费的社会必要劳动量。

商品的价值用一定数量的货币表现出来，就是商品的价格。价值是价格的基础，价格是价值的货币表现。货币作为价值尺度的职能，就是根据各种商品的价值大小，把它表现为各种各样的价格。例如，1头牛价值2两黄金，在这里2两黄金就是1头牛的价格。

2. 交换媒介

在商品交换过程中，商品出卖者把商品转化为货币，然后再用货币去购买商品。在这里，货币发挥了交换媒介的作用，执行流通手段的职能。

在货币出现以前，商品交换是直接的物物交换。货币出现以后，它在商品交换关系中则起媒介作用。以货币为媒介的商品交换就是商品流通，它由商品变为货币（W—G）和由货币变为商品（G—W）两个过程组成。由于货币在商品流通中作为交换的媒介，它打破了直接物物交换和地方的限制，扩大了商品交换的品种、数量和地域范围，从而促进了商品交换和商品生产的发展。

3. 贮藏手段

货币退出流通领域充当独立的价值形式和社会财富的一般代

◇ 货币的交换功能 ◇

以前人们以物换物的时候，交换来的物品如果保质期很短，就必须马上再进行交换；如果交换来的物品很重，就只能就地再交换。但是有了货币之后，这些问题就迎刃而解了：

打破了时间限制。由于货币充当流通手段的职能，使商品的买和卖打破了时间上的限制，一个商品所有者在出卖商品之后，不一定马上就买。

也打破了买和卖空间上的限制。一个商品所有者在出卖商品以后，可以就地购买其他商品，也可以在别的地方购买任何其他商品。

所以说，有了货币之后人们的交易更加灵活、方便，而这一变化离不开交换媒介——货币。

表而储存起来的一种职能。

货币作为贮藏手段,是随着商品生产和商品流通的发展而不断发展的。在商品流通的初期,有些人就把多余的产品换成货币保存起来,贮藏金银被看成是富裕的表现,这是一种朴素的货币贮藏形式。随着商品生产的连续进行,商品生产者要不断地买进生产资料和生活资料,但他生产和出卖自己的商品要花费时间,并且能否卖掉也没有把握。这样,他为了能够不断地买进,就必须把前次出卖商品所得的货币贮藏起来,这是商品生产者的货币贮藏。随着商品流通的扩展,货币的作用日益增大,一切东西都可以用货币来买卖,货币交换扩展到一切领域。谁占有更多的货币,谁的权力就更大,贮藏货币的欲望也就变得更加强烈,这是一种社会权力的货币贮藏。货币作为贮藏手段,可以自发地调节货币流通量,起着蓄水池的作用。

4. 支付手段

货币作为独立的价值形式进行单方面运动(如清偿债务、缴纳税款、支付工资和租金等)时所执行的职能。

因为商品交易最初是用现金支付的。但是,由于各种商品的生产时间不同,有的长些,有的短些,有的还带有季节性。同时,各种商品销售时间也是不同的,有些商品就地销售,销售时间短;有些商品需要远销外地,销售时间长。商品的让渡同价格的实现在时间上分离开来,即出现赊购的现象。赊购以后到约定的日期清偿债务时,货币便执行支付手段的职能。货币作为支付手段，开始是由商品的赊购、预付引起的，后来才慢慢扩展到商品流通领域之外，在商品交换和信用事业发达的经济社会里，就日益成为普遍的交易方式。

在货币当作支付手段的条件下，买者和卖者的关系已经不是简单的买卖关系，而是一种债权债务关系。一方面，货币可以减少流通中所需要的货币量，节省大量现金，促进商品流通的发展。另一方面，货币进一步扩大了商品经济的矛盾。在赊买赊卖的情况下，许多商品生产者之间都发生了债权债务关系，如果其中有人到期不能支付，就会引起一系列的连锁反应，使整个信用关系遭到破坏。

5. 世界货币

货币在世界市场上执行一般等价物的职能。由于国际贸易的发生和发展，货币流通超出一国的范围，在世界市场上发挥作用，于是货币便有了世界货币的职能。作为世界货币，必须是足值的金和银，而且必须脱去铸币的地域性外衣，以金块、银块的形状出现。原来在各国国内发挥作用的铸币以及纸币等在世界市场上都失去作用。

在国内流通中，一般只能由一种货币商品充当价值尺度。在国际上，由于有的国家用金作为价值尺度，有的国家用银作为价值尺度，所以在世界市场上金和银可以同时充当价值尺度的职能。后来，在世界市场上，金取得了支配地位，主要由金执行价值尺度的职能。

纸币：货币的价值符号

约翰·劳是18世纪欧洲的一个金融家，以推行纸币而闻名。当时，欧洲各国货币还是采用金属本位，市场上不是金币就是银币，总之没有纸币。因为欧洲人民都觉得跟黄金白银相比，纸币太不可靠了。但是，约翰·劳说："不，纸币是一个国家繁荣的最好方法。"他的信念就是："要繁荣，发纸币。"

约翰·劳说纸币可以带来繁荣，可以轻松地还清债务。奥尔良公爵立刻听从了他的建议，授权约翰·劳这个英国人组建法国历史上第一家银行，发行纸币。在开业初期，约翰·劳坚守承诺，他的任何银行发行的纸币都可以立刻兑换相当于面值的金币，老百姓因此相信他的纸币是有价值的，争相持有。可是，到了后来，法国政府顶不住增发纸币的诱惑，纸币泛滥成灾，终于在1720年的某一天，人们发现纸币的面值已经超过了全国金属硬币总和的1倍还多，于是纸币崩溃了，不得不全数被折价收回，重新流通金属硬币。无数人遭受巨大损失，法国为此差点爆发革命。

这位约翰·劳先生可算得上是货币史上的一位大名鼎鼎的人物。他发行纸币这个观念本身并没有错，那么，约翰·劳为什么会失败呢？约翰·劳后来的错误在于，他将创造货币等同于创造财富。然而，对于国家而言，重要的不是创造货币，而是创造财富。

◇ 国际货币的职能 ◇

国际货币充当一般购买手段，一个国家直接以金、银、美元等国际货币向另一个国家购买商品。

同时作为一般支付手段，国际货币用以平衡国际贸易的差额，如偿付国际债务、支付利息和其他非生产性支付等。

国际货币还充当国际财富转移的手段，货币作为社会财富的代表，可由一国转移到另一国。

当然，在当代，世界货币的主要职能是作为国际支付手段，用以平衡国际收支的差额。

纸币作为货币的价值符号，现在已经通行世界，如中国的人民币、美国的美元等都是一个国家的法定货币，由国家的中央银行统一发行、强制流通，以国家信用做保障，私人不能印制、发行货币。纸币本身没有金属货币那种内在价值，纸币本身的价值也比国家确定的货币价值要小得多，它只是一种货币价值的符号。

纸币本身不具有价值，虽然作为货币的一种，但其不能直接行使价值尺度职能。纸币是当今世界各国普遍使用的货币形式，而世界上最早出现的纸币，是中国北宋时期四川成都的"交子"。中国是世界上最早使用纸币的国家。

纸币诞生后，在很长的时间内只能充当金属货币（黄金或白银）的"附庸"，就像影子一样，不过是黄金的价值符号。国家以法律形式确定纸币的含金量，人们可以用纸币自由兑换黄金，这种货币制度也被称为金本位制。在很长的历史时期里，金本位制是人类社会的基本货币制度，但它存在着先天无法克服的缺陷。

困扰金本位制的就是纸币和黄金的比价和数量问题。当依据黄金发行纸币的时候，必须确定一个比价，而此后不论是黄金数量发生变化还是纸币数量发生变化，原先的比价都无法维持，金本位制也就无法稳定运行。这个问题在后来的布雷顿森林体系中仍然存在，并最终导致了布雷顿森林体系的崩溃。

金本位制最终崩溃并退出历史舞台表明，纸币再也不能直接兑换成黄金，也就是不能直接兑换回金属货币，纸币这个金属货币的"附庸"终于走上了舞台的中央，成为货币家族的主角。

在我国，人民币是中华人民共和国的法定货币，由政府授权中国人民银行发行。

1948年12月1日，中国人民银行在华北解放区的石家庄成立，并在成立之日开始发行钞票，即第一套人民币。这套人民币共有12种面额，最大面额为5万元，最小为1元。票面上的"中国人民银行"六个字由时任华北人民政府主席并主持中共中央财经工作的董必武同志亲笔题写。由于当时中国正处于解放战争时期，人民解放军打到哪里人民币就发行到哪里，所以第一套人民币曾先后在石家庄、北平、上海、天津、西安、沈阳等十几个地方印制过，版面多达62种。

人民币的发行为中华人民共和国成立后统一国内市场货币、建立中国的货币制度奠定了基础。但是由于第一套人民币面额大、票面种类较多、印制粗糙、说明文字多为汉字一种等缺陷，也给管理和使用带来许多困难。1955年3月1日，中国人民银行奉命发行第二套人民币，新发行的人民币面额较小，计价结算较为简单，且说明文字增加到汉、蒙、藏、维吾尔四种，便于在少数民族地区流通。同年4月1日，第一套人民币停止流通。

1962年和1987年，中国人民银行又发行了第三、第四套人民币，除印制更加精美外，为扩大流通范围，票面上的说明文字

◇ 接受纸币的条件 ◇

事实上，接受纸币也是需要一些条件的。

人们对货币发行当局有充分的信任。在我国，纸币是中国人民银行发行的，也就是说我国人民需要对人民银行有充分的信任。

印刷技术发展到足以使伪造极为困难的高级阶段。如果纸币很容易被造假，人们分不清真假纸币，也就无法使用纸币了。

只有在满足了上述两点条件之后，纸币方可被接受为交易媒介。

又增加了壮文、汉语拼音和盲文。1999年10月1日——共和国五十岁生日的时候，中国人民银行首次推出了完全独立设计、印制的第五套人民币，与国际进一步接轨的人民币以崭新的面貌担负起新时期的重任。

电子货币："无脚走遍天下"

6月的某天，北京正值盛夏，一直热衷于网购的小岩在客厅里一边吃西瓜，一边在线浏览琳琅满目的商品。在澳大利亚的一个网站上，她看上了一款澳洲本地羊皮袄，通过"海外宝"的简单几步点击操作，便很快将它收入囊中。像小岩热衷的网购实际上就是网上金融服务的一种，它包括了人们的各种需要，网上消费、家庭银行、个人理财、网上投资交易、网上保险等。网上支付的电子交易需要安全认证、数据加密、交易确认等控制，为了确保信息安全。而这一切，都依赖于电子货币的产生和发展。

电子货币，是指用一定金额的现金或存款从发行者处兑换并获得代表相同金额的数据，通过使用某些电子化方法将该数据直接转移给支付对象，从而能够清偿债务。

电子货币的产生首先是因为电子商务的产生，因为电子商务最终还是需要支付结算，这就需要有电子支付。但电子货币本质上并没有改变货币的本质，只是在形式上发生了变化。电子货币的出现方便了人们外出购物和消费。现在电子货币通常在专用网络上传输，通过设在银行、商场等地的 ATM 机器进行处理，完成货币支付操作。电子支付手段大大减少了经济运行的成本。电子货币相对于纸币，具有以下几方面的特点：

第一，以电子计算机技术为依托，进行储存、支付和流通；第二，可广泛应用于生产、交换、分配和消费领域；第三，融储蓄、信贷和非现金结算等多种功能为一体；第四，电子货币具有使用简便、安全、迅速、可靠的特征；第五，现阶段电子货币的使用通常以银行卡（磁卡、智能卡）为媒体。

欧洲人早在个人计算机出现之前就意识到了电子支付的好处。长期以来，欧洲人采取的都是直接转账的方式，由银行直接为消费者支付账单转移资金，尤其是芬兰和瑞典等互联网用户比例引领世界的国家，2/3 的交易都是通过电子方式完成的。芬兰和瑞典等国家网络银行客户的比例也超过了世界上其他的国家。

就现阶段而言，大多数电子货币是以既有的实体货币（现金或存款）为基础存在的具备"价值尺度"和"流通手段"的基本职能，还有"价值保存""储藏手段""支付手段""世界货币"等职能，且电子货币与实体货币之间能以 1∶1 比率交换这一前提条件而成立的。

因为只有在高科技基础建设存在的情况下，电子货币才能以有效率和有效的方式在电子商务中被使用。有人认为，如果欲使电子货币成为未来"可流通"的货币，并且能够使人信赖其安全

◇ 电子货币 ◇

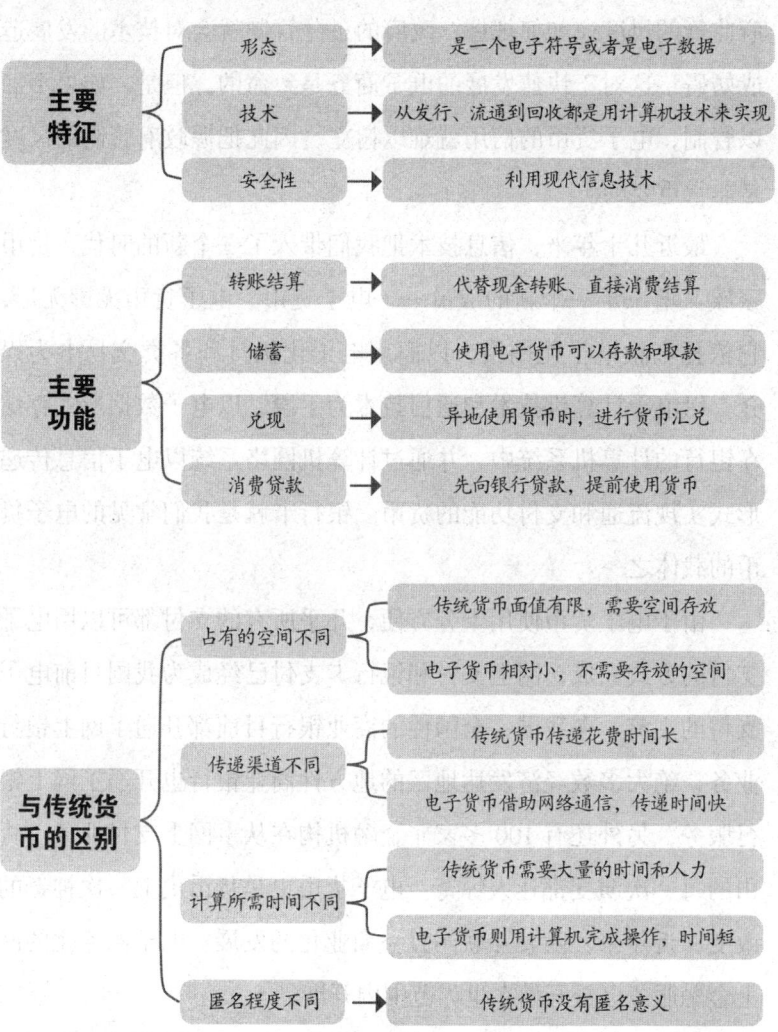

性的话，则此安全性技术应受到政府管制，否则若无一定的监管标准，电子货币的信用何存？又如何能流通？但是，问题是，政府监管的尺度应如何把握？政府的过分管制就会对技术的发展造成妨碍，这对于快速发展的电子商务是致命的，但是，如果不加以管制，电子货币的信用就难以树立，因此把握政府管制的尺度是非常重要的。

最近几十年来，信息技术把我们带入了一个新的时代，货币家族又增添了一个新的成员——电子货币。电子货币无影无形，它依托金融电子化网络，以商用电子化机具和各类交易卡为媒介，以电子计算机技术和通信技术为手段，以电子数据形式存储在银行的计算机系统中，并通过计算机网络系统以电子信息传递形式实现流通和支付功能的货币。银行卡就是我们常见的电子货币的载体之一。

由于电子货币使用十分方便，几乎所有的支付都可以用电子支付的方式完成，网上支付和银行卡支付已经成为我国目前电子支付的主流。在我国，全国性的商业银行目前都开通了网上银行业务，绝大多数经济发达地区的地方性商业银行也开通了网上银行服务，另外还有100多家非金融机构在从事网上支付业务。货币的每一次演变都让人惊奇。电子货币更是货币史上一次神奇的改变。近年来，随着互联网日益商业化的发展，电子商务化的网上金融服务已经开始在世界范围内开展。

于是，人们提出一个构想：未来是否会进入一个无现金的社会？1975年，《商业周刊》曾经预言："电子支付方式不久将改变货币的定义，并将在数年后颠覆货币本身。"但电子货币由于缺乏安全性和私密性，短时间内并不能导致纸币体系的消亡。

正如马克·吐温所说："对现金消亡的判断是夸大其词了。"作为转移支付手段，大多数电子货币不能脱离现金和存款，而只是用电子化方法传递、转移，以清偿债权债务实现结算。因此，现阶段电子货币的职能及其影响，实质是电子货币与现金和存款之间的关系。

虚拟货币：Q币究竟是货币还是商品

1998年，当奥斯卡最佳女配角伍皮·戈德堡成为F1ooz.com的主要赞助人时，她希望F1ooz.com能成为全新的网络虚拟货币供应商。这实在是超前而大胆的想法，那时可没有多少人相信网络货币能成为一种"流行"的应用，并成为真正能与金钱兑换的、有价值的东西。然而现在，这种超前的眼光正在得到证实。当初，F1ooz.com的梦想是取代信用卡，成为在线货币提供商，只要在F1ooz.com上花钱购买一定数量的网络货币，就可以在加盟的零售店中购物，这种想法有点类似于商场提供的代金券。不过，由于当时的经济环境还远未超前到能够接受那样的新生事物，因而F1ooz.com的命运当然摆脱不了最终在2001年互联网冰点时遭遇倒闭的厄运，但时钟的脚步在转向了2005年以后，情况发生了根本的变化：虚拟货币在全世界风行，一个崭新的网络虚拟货币时代已经到来！

互联网的繁荣催生了一个全新的词汇："网络虚拟货币。"在这个虚拟的全新的世界里，流通着腾讯Q币、网易泡币、新浪U币、魔兽币、天堂币、盛大专券、各种点卡……游戏玩家们可以用人民币换取五花八门的游戏币，再去购买虚拟世界所向披靡的武器，虚拟的货币交换着虚拟的财产。现在甚至有很多专门提供虚拟货币与人民币进行双向兑换的网站，使虚拟货币逐渐成为一种可以流通的等价交换单位。虚拟货币时代就这样到来了！

那么，这些所谓的网络虚拟货币到底指什么？都有哪些种类呢？

虚拟货币即非真实的货币。在虚拟与现实有联系的情况下，虚拟的货币有其现实价值。

说到虚拟货币，大家往往觉得那是一种不够"实在"的东西，但实际上，我们都曾或多或少地与它打过交道。比如说银行电子货币其实就是一种初级阶段的虚拟货币，但是它只具有虚拟货币的形式，如数字化、符号化，并不具有虚拟货币最重要的特质——个性化。

虚拟货币种类虽然繁多，但是就其本质而言也不外乎三个种类：

第一类是我们都熟悉的游戏币。最初，不同的游戏币只能用于相应的游戏,不能跨游戏使用,且数量难以控制。游戏玩家可用游戏币购买游戏道具以及各种装备,但不与现时流通的法定货币发生直接兑换关系。也就是说,在单机游戏时代,主角只能靠打倒敌人、进赌馆赢钱等方式积累货币,然后购买装备,并在自己的游戏机里使用。那时,玩家之间没有"市场"。自从互联网建立起门户和社区,实现游戏联网以来,虚拟货币便有了"金融市场",玩家之间可以交易游戏币。

第二种是门户网站或者即时通信工具服务商发行的专用货币,这种虚拟货币可用于购买本网站内的服务。其中使用最广泛的当然要数腾讯公司的 Q 币,Q 币可用来购买会员资格、QQ 秀等增值服务。

第三种网络虚拟货币我们还不是很熟悉,这种虚拟货币对金融系统的冲击更大,似乎生来就为了攻占现实货币的地盘。最典型的例子是美国贝宝公司发行的一种网络货币,这种货币可用于网上购物,消费者只要向公司提出申请,就可以将银行账户里的钱转成贝宝货币——老实说,这跟银行卡付款并没有太大区别,而且服务费还要低得多,更重要的是,一旦发生国际交易,交易者甚至不必考虑汇率。目前西方类似贝宝这样的公司还有几家,不过中国还没有出现这类公司。

这里我们要重点说的是影响最大的 Q 币。

一名淘宝资深卖家小 A 正在同时接待几位顾客,回答她们关于产品的问题。这位卖家不卖衣服不卖食品,卖的是QQ相关产品,从QQ币到QQ道具应有尽有。小A说自己做这个买卖已经有几年了,生意还不错。Q币是最好卖的,购买者可以在腾讯网站用Q币为自己的虚拟形象购买服装和其他各种道具。以前每天卖几百元Q币,特别是前两年超女Q币投票时,每天甚至能卖上千元……

不知不觉之中,Q币已经进入我们的网络生活,成为使用最广泛的一种虚拟货币。那么,它到底是打开财富之门的魔咒,还是潘多拉盒中的妖怪?

网络虚拟货币已经越来越多地引人关注,随着QQ的普及,Q币的使用甚至早已超出了腾讯公司当初的预期。现在在网上,Q币甚至可以用来购买其他游戏的点卡、虚拟物品,甚至一些影片、软件的下载服务等。而Q币是否会冲击人民币的争论也甚嚣尘上。腾讯Q币的特点是可以通过银行卡充值,与人民币的"汇率"是1:1,不过官方渠道只允许单向流动,也就是说Q币不能兑换人民币。在腾讯公司的网络游戏里,Q币可以兑换游戏币。举例来说,如果用户养了只QQ宠物,Q币还可以兑成宠物使用的"元宝"。Q币与其他专用虚拟货币一样,都有线下的交易平台。由于官方渠道的单向性,Q币在"黑市"上兑成人民币会贬值。

从表面看,网络虚拟货币似乎具有货币的某些特征,但并没

◇ 虚拟货币的利与弊 ◇

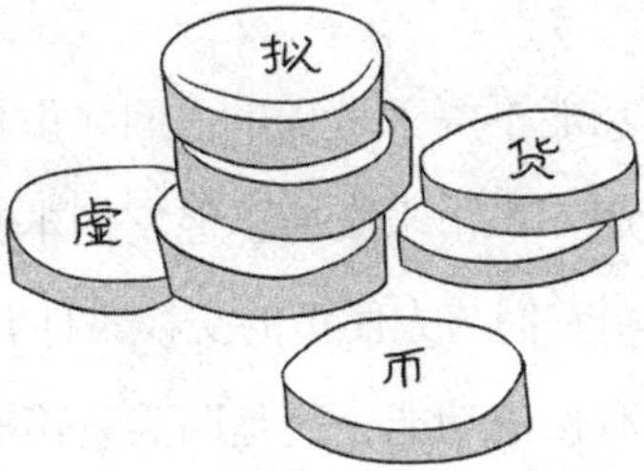

优点

- 一是虚拟货币获取途径方便
- 二是虚拟货币可以优化资源配置，满足人们对虚拟产品和服务的各种不同需求

弊端

- 一是容易被利用进行洗钱、赌博等违法犯罪活动
- 二是缺乏回兑机制，引发市场混乱
- 三是网民合法权益难以得到有效保障
- 四是虚拟货币容易引起通货膨胀

你看，这样就购买到虚拟货币了，非常简单！

这样我的钱就算是洗白了！

洗钱者

我们的钱去哪儿了？你们必须给个说法！

有人把它们当作真正的货币来看待。货币的本质首先是流通的，其次才是一般等价物，而Q币等虚拟货币只是作为等价物的特殊商品而已。

首先，有交换功能不等于是货币，网络虚拟货币作为特殊商品或许可以无条件用人民币来交换，但它们本身却不可以无条件地交换人民币，说明它们与人民币的交换条件并非对等。

其次，货币具有保值功能，这是因为货币有贵重金属作为抵押。而Q币是一种没有贵重金属作为抵押的信用凭证，它只能用服务商的商誉作为抵押，因此作为货币是不可靠的。

没错，Q币确实具有流动性，但却缺乏使用价值的保值性，因此作为投资对象是不利的。说得再直白一点，把Q币作为典当物，任何当铺都不会收的。

还有最重要的一点，货币不只具有价值，而且是价值尺度；而Q币只具有价值，并不能充当价值尺度。Q币既不存在利率那样的资本价格水平尺度可以调节价值，也不存在存款准备金比率那种的通货价格水平尺度可以调节价值。

因此，目前Q币还无法成为统一的"网络流通货币"，即使Q币成为统一的虚拟货币，它本身也无法脱离网络，它要进入普通的流通环节，唯一的途径是先兑换成人民币。

第五章

格林斯潘调节金融的"利器"
——每天学点利率知识

利息：利息是怎样产生的

利息是金融学中一个非常重要的概念，也许每一位读者对此都不陌生，但很难保证说就对银行利息究竟说明什么、究竟是怎样产生的会有一个正确的认识。总体来看，利息是借款人付给贷款人的报酬；同时它还必须具备一个前提，那就是两者之间必须存在借贷关系。

什么是利息呢？利息是资金所有者由于向国家借出资金而取得的报酬，它来自生产者使用该笔资金发挥营运职能而形成的利润的一部分。是指货币资金在向实体经济部门注入并回流时所带来的增值额，其计算公式是：利息 = 本金 × 利率 × 时间。

利息是剩余价值的特殊转化形式，它的最高水平是利润。利息作为资金的使用价格在市场经济运行中起着十分重要的作用，并影响着个人、企业和政府的行为活动。

现实生活中，贷款人把收取利息收入看作是理所当然的。在会计核算中，全球各国的会计制度都规定，借款所发生的利息支出首先要作为财务费用列入成本，只有在扣除这一部分后，剩下的部分才能作为经赢利润来看待。

刘先生在银行任职。多年来，在他的办公桌的玻璃台板下总压着一张储蓄存款利率表。凡穿西装的季节，在他西装衣袋里也总有一个票夹子，票夹子里藏着一张储蓄存款利率表。储蓄存款利率升了降，降了升，升了降，降了又降，对历年的利率变化难以记牢，所以刘先生就随处备有利率表，为的是与人方便、与己方便。

一次，一位中年妇女在储蓄柜台取款后迟迟没有离去，以为银行把她存款的利息算错了。刘先生把几次变化的利率一行一行抄给她，把利率计算的方法告诉她，她这才打消了心中的疑团。

还有一位熟人曾让刘先生帮她计算利息。说3年前向姐夫借了12000元钱，当时没有约定还款时间，也没有约定还款时加上多少利息，只想手头宽裕了，把借款和利息一次还清。刘先生就将随身带的利率表递上，并把利息计算的方法、保值贴补的时间段很明白地告诉她，由她根据自己的实际和承诺计算利息，末了她连声道谢。另外，刘先生家与亲戚家也有过几次借款关系，在

◇ 利息的作用 ◇

利息在国民生活中所发挥的重要作用主要表现为以下几个方面：

1. 影响企业行为

利息作为企业的资金占用成本已直接影响企业经济效益水平的高低。企业为降低成本、增进效益，就要千方百计减少资金占压量。

2. 影响居民资产选择行为

金融工具的增多为居民的资产选择行为提供了客观基础，而利息收入则是居民资产选择行为的主要诱因。

3. 影响政府行为

由于利息收入与全社会的赤字部门和盈余部门的经济利益息息相关，因此，政府也能将其作为重要的经济杠杆对经济运行实施调节。

还款时也是参照储蓄存款的利率还款的,双方都乐意接受,利率表起了中间人的作用。

在生活中,常常有民间借贷,有承诺的也好,无承诺的也好,还款时常要与同期的储蓄存款利息比一比。在炒股生涯中,常常要将自己的股票或资金算一算,自然而然要想到与同期的利率做比较。储蓄存款利率变了又变,涉及千家万户,千家万户要谈论储蓄存款利率。随身带有一张利率表,起到的作用还真的很大。但令人费解的是,利率为什么在不同的时期有不同的变化?这代表着什么?利率的高低又是由什么决定的?

现代经济中,利率作为资金的价格,不仅受到经济社会中许多因素的制约,而且,利率的变动对整个经济产生重大的影响。从形式上看,利息是因借款人在一定时期使用一定数量的他人货币所支付的代价。代价越大,说明利率越高。利率的高低,成为衡量一定数量的借贷资本在一定时期内获得利息多少的尺度。那么,是利率决定利息还是利息决定利率呢?

利息出现的原因主要有以下五点:一是延迟消费,当放款人把金钱借出,就等于延迟了对消费品的消费。根据时间偏好原则,消费者会偏好现时的商品多于未来的商品,因此在自由市场会出现正利率。二是预期的通胀,大部分经济会出现通货膨胀,代表一个数量的金钱,在未来可购买的商品会比现在少。因此,借款人需向放款人补偿此段期间的损失。三是代替性投资,放款人有选择地把金钱放在其他投资上。由于机会成本，放款人把金钱借出，等于放弃了其他投资的可能回报。借款人需与其他投资竞争这笔资金。四是投资风险，借款人随时有破产、潜逃或欠债不还的风险，放款人需收取额外的金钱，以保证在出现这些情况后，仍可获得补偿。五是流动性偏好，人会偏好其资金或资源可随时进行交易，而不是需要时间或金钱才可取回。利率亦是对此的一种补偿。

利率：使用资本的应付代价

利率，就表现形式来说，是指一定时期内利息额同借贷资本总额的比率。利率是单位货币在单位时间内的利息水平，表明利息的多少。

凯恩斯把利率看作是"使用货币的代价"。利率可以看作是因为暂时放弃货币的使用权而获得的报酬，是对放弃货币流通性的一种补偿，如果人们愿意推迟消费，则需要为人们这一行为提供额外的消费。从借款人的角度来看，利率是使用资本的单位成本，是借款人使用贷款人的货币资本而向贷款人支付的价格；从贷款人的角度来看，利率是贷款人借出货币资本所获得的报酬率。

当你去银行存钱，银行会按照存期划分的不同利率来给客户计算利息。利率的存在告诉我们，通过放弃价值1元的现期消费，能够得到多少未来消费。这正是现在与未来之间的相对价格。整体利率的多少,对于现值至关重要,必须了解现值才能了解远期的金融现值,而利率正是联系现值和终值的一座桥梁。

哪些因素会导致利率的变化?通常情况下,影响利率的因素大致有四种:

1. 货币政策

政府制定货币政策的目的就是促进经济稳定增长。控制货币供给和信贷规模,可以影响利率,进而调节经济增长。扩大货币供给,会导致利率下降;反之,则造成利率上升。

2. 财政政策

一个国家的财政政策对利率有较大的影响,通常而言,当财政支出大于财政收入时,政府会在公开市场上借贷,以此来弥补财政收入的不足,这将导致利率上升。而扩张性的经济政策,往往扩大对信贷的需求,投资的进一步加热又会导致利率下降。

3. 通货膨胀

通货膨胀是指在信用货币条件下,国家发行过多的货币,使过多的货币追求过少的商品,造成物价普遍上涨的一种现象。通货膨胀的成因比较复杂,因此,通货膨胀使得利率和货币供给之间的关系相对复杂。如果货币供给量的大幅增长不是通货膨胀引起的,那么利率不仅会下降,反而会上升,造成高利率的现象,以弥补货币贬值带来的损失。因此,利率水平随着通货膨胀率的上升而上升,随着通货膨胀率的下降而下降。

4. 企业需求和家庭需求

企业对于信贷的需求往往成为信贷利率变化的"晴雨表",每当经济步入复苏和高涨之际,企业对信贷需求增加,利率水平开始上扬和高涨;而经济发展停滞时,企业对信贷的需求也随之减少,于是,利率水平转趋下跌。家庭对信贷的需求也影响到利率的变化,当需求增加时,利率上升;需求减弱时,利率便下跌。

经济学家一直在致力于寻找一套能够完全解释利率结构和变化的理论,可见利率对国民经济有着非常重要的作用。曾经有人写了这么一则场景故事:

1993年年初的某一天,克林顿上台不久。克林顿就经济问题召见格林斯潘先生。

克林顿:"老爷子,现在经济这么低迷,你看,下一步怎么办?"

格林斯潘:"没什么,我只要挥舞一下手中的魔棒,那帮人就会推动市场。"老爷子像打哑谜一样应付这位上任不久的帅小伙子。

克林顿:"真的?什么魔棒?哪些人?怎么推动市场?"总统先生显得非常着急。他从座位上站起来,手里拿着一支笔,在房间里走来走去。两眼一直望着格林斯潘。

格林斯潘:"就是华尔街那帮金融大亨,我的老相识、老朋友们,他们都得听我的。"

"听你的,不听我的?"克林顿有点不服气。

"当然是听我的。不信，你瞧着！"格林斯潘用不容争辩的口气说。

"我对您手中的那根魔棒感兴趣，是什么东西？"

"利率。"

利率为什么具有如此魔力？因为利率是资金使用的价格，它的涨跌关系着居民、企业、政府各方的钱袋，能不让人紧张吗？

利率是经济学中一个重要的金融变量，几乎所有的金融现象、金融资产均与利率有着或多或少的联系。当前，世界各国频繁运用利率杠杆实施宏观调控，利率政策已成为各国中央银行调控货币供求，进而调控经济的主要手段，利率政策在中央银行货币政策中的地位越来越重要。合理的利率，对发挥社会信用和利率的经济杠杆作用有着重要的意义，而合理利率的计算方法是我们关心的问题。那么利率的水平是怎样确定的呢？换句话说，确定利率水平的依据是什么呢？

首先，是物价总水平。这是维护存款人利益的重要依据。利率高于同期物价上涨率，就可以保证存款人的实际利息收益为正值；相反，如果利率低于物价上涨率，存款人的实际利息收益就会变成负值。因此，看利率水平的高低不仅要看名义利率的水平，更重要的还要看是正利率还是负利率。

其次，是国有大中型企业的利息负担。长期以来，国有大中型企业生产发展的资金大部分依赖银行贷款，利率水平的变动对企业成本和利润有着直接的影响。因此，利率水平的确定必须考虑企业的承受能力。

再次，是国家财政和银行的利益。利率调整对财政收支的影响，主要是通过影响企业和银行上交财政税收的增加或减少而间接产生的。因此，在调整利率水平时，必须综合考虑国家财政的收支状况。银行是经营货币资金的特殊企业，存贷款利差是银行收入的主要来源，利率水平的确定还要保持合适的存贷款利差，以保证银行正常经营。

最后，是国家政策和社会资金供求状况。利率政策要服从国家经济政策的大方针，并体现不同时期国家政策的要求。与其他商品的价格一样，利率水平的确也要考虑社会资金的供求状况，受资金供求规律的制约。

复利：银行存款如何跑过CPI

根据计算方法不同，利息可以划分为单利和复利。单利是指在借贷期限内，只在原来的本金上计算利息；复利是指在借贷期限内，除了在原来本金上计算利息外，还要把本金所产生的利息重新计入本金，重复计算利息。爱因斯坦曾经这样感慨道："复利堪称是世界第八大奇迹，其威力甚至超过原子弹。"古印度的一个传说证实了爱因斯坦的这种感慨。

古印度的舍罕王准备奖励自己的宰相西萨班达依尔,此人发明了国际象棋。舍罕王问西萨班达依尔想要什么,西萨班达依尔拿出一个小小的国际象棋棋盘,然后对国王说:"陛下,金银财宝我都不要,我只要麦子。您在这张棋盘的第1个小格里,放1粒麦子,在第2个小格里给2粒,第3个小格给4粒,以后每个小格都比前一小格多一倍。然后,您将摆满棋盘上所有64格的麦子,都赏给我就可以了!"

舍罕王看了看那个小棋盘,觉得这个要求实在太容易满足了,当场就答应了。

不过,当国王的奴隶们将麦子一格格开始放时,舍罕王才发现,就是把全印度甚至全世界的麦子都拿来,也满足不了宰相的要求。

那么这个宰相要求的麦粒究竟有多少呢?有人曾计算过,按照这种方式填满整个棋盘大约需要820亿吨麦子。即使按照现在全球麦子的产量来计算,也需要550年才能满足西萨班达依尔的要求。

复利竟有如此神奇的力量,那么究竟什么是复利呢?

复利是指在每经过一个计息期后,都要将所生利息加入本金,以计算下期的利息。这样,在每一个计息期,上一个计息期的利息都将成为生息的本金,即以利生利。复利和高利贷的计算方法基本一致,它是将本金及其产生的利息一并计算,也就是人们常说的"利滚利"。

复利的计算是对本金及其产生的利息一并计算，也就是利上有利。复利计算的特点是：把上期末的本利和作为下一期的本金，在计算时每一期本金的数额是不同的。复利的计算公式是：$S=P \times (1+i)^n$。

复利现值是指在计算复利的情况下，要达到未来某一特定的资金金额，现在必须投入的本金。所谓复利也称利上加利，是指一笔存款或者投资获得回报之后，再连本带利进行新一轮投资的方法。复利终值是指本金在约定的期限内获得利息后，将利息加入本金再计利息，逐期滚算到约定期末的本金之和。

例如：拿10万元进行投资的话，以每年15%的收益来计算，第二年的收益并入本金就是11.5万，然后将这11.5万作为本金再次投资，等到15年之后拥有的资产就是原来的8倍也就是80万，而且这笔投资还将继续以每5年翻一番的速度急速增长。

这其实是一个按照100%复利计算递增的事例。不过在现实中，理想中100%的复利增长是很难出现的，即使是股神巴菲特的伯克希尔哈撒韦公司，在1993年到2007年的这15年里年平均回报率也仅为23.5%。不过，即使只有这样的复利增长，其结果也是惊人的。

还记得那个24美元买下曼哈顿岛的故事吗？这笔交易确实很划算，但如果我们换个角度来重新计算一下呢？如果当初的24美元没有用来买曼哈顿岛，而是用来投资呢？我们假设每年8%的投资收益，不考虑中间的各种战争、灾难、经济萧条因素，这24美元到2004年会是多少呢？说出来你或许会吓一跳：4307046634105.39也就是43万亿多美元。这不但仍然能够购买曼哈顿，如果考虑到由于"9·11"事件后纽约房地产的贬值的话，买下整个纽约也是不在话下的。

金融领域有个著名的72法则：如果以1%的复利来计息，经过72年后，本金就会翻一番。根据这个法则，用72除以投资回报率，就能够轻易算出本金翻番所需要的时间。

比如，如果投资的平均年回报率为10%，那么只要7.2年后，本金就可以翻一番。如果投资10万元，7.2年后就变成20万元，14.4年后变成40万元，21.6年之后变成80万元，28.8年之后就可以达到160万元。每年10%的投资回报率，并非难事，由此可见复利的威力。

要想财富增值，首先必须进行投资。根据72法则，回报率越高，复利带来的效应收益越大。而银行的存款利息过低，所以储蓄并不是增值财富的根本选择。要想保持高的收益，让复利一展神奇的话，那就需要进行高回报率的投资。

从复利的增长趋势来看，时间越长，复利产生的效应也就越大。所以，如果希望得到较高的回报，就要充分利用这种效应。进行投资的时间越早，复利带来的收益越大。在条件允许的情况下，只要有了资金来源，就需要制订并开始执行投资理财的计划。

复利的原理告诉我们，只要保持稳定的常年收益率，就能够实现丰厚的利润。在进行投资的选择时，一定要注重那些有着持续稳定收益率的领域。一般情况下，年收益率在15%左右最为理想，这样的收益率既不高也不低，稳定易于实现。找到稳定收益率的领域后，只要坚持长期投资，复利会让财富迅速增值。

还要注意到，复利的收益是在连续计算的时候，才会有神奇的效应。这就要求我们在投资的时候，要防止亏损。如果一两年内，收益平平还不要紧，一旦出现严重亏损，就会前功尽弃，复利的神奇也会消失殆尽，一切又得从头开始。利用复利进行投资时，需要谨记的是：避免出现大的亏损，一切以"稳"为重。

华人世界的首富李嘉诚先生自16岁白手起家，到73岁时，57年的时间里他的资产达到了126亿美元。对于普通人来说，这是一个天文数字，李嘉诚最终却做到了。李嘉诚的成功并不是一次两次的暴利，而在于他有着持久、稳定的收益。

让李嘉诚的财富不断增值的神奇工具就是复利。复利的神奇在于资本的稳步增长，要想利用复利使财富增值，就得注重资本的逐步积累。改掉随意花钱的习惯，这是普通人走向复利增值的第一步。

所以，我们要学会每天积累一些资金，现在花了1元钱，持续投资，将种子养成大树。所以说成功的关键就是端正态度，设立一个长期可行的方案持之以恒地去做，这样成功会离我们越来越近。

◇ 比原子弹更可怕的复利 ◇

复利，就是复合利息，它是指每年的收益还可以产生收益，即俗称的"利滚利"。而投资的最大魅力就在于复利的增长。

神奇的复利

成功的投资理财在于长期坚持。而长期投资的最大魅力，就是创造亿万富翁不可思议的复利效应。

复利的力量

单利与复利的区别

单利就是利不生利，即本金固定，到期后一次性结算利息，而本金所产生的利息不再计算利息。

复利其实就是利滚利，即把上一期的本金和利息作为下一期的本金来计算利息。

复利就是一张纸连续折叠很多次，单利是一张纸折叠一次，然后再折叠另一张纸。显然52张纸各折叠一次，远远不如一张纸连续折叠52次。

负利率：利息收入赶不上物价上涨

2008年11月，日本6个月期的国库券的利率为负，即-0.004%，投资者购买债券的价格高于其面值。这是很不寻常的事件——在过去的50年中，世界上没有任何一个国家出现过负利率。这种情况是如何发生的呢？

我们通常假定，利率总是为正。负利率意味着你购买债券所支付的金额低于你从这一债券所获取的收益（从贴现发行债券的到期收益中可以看出）。如果出现这样的情况，你肯定更愿意持有现金，这样未来的价值与今天是相等的。因此，负利率看上去是不可能的。

日本的情况证明这样的推理并不准确。日本经济疲软与负的通货膨胀率共同推动日本利率走低，但这两个因素并不能解释日本的负利率。答案在于，大投资者发现将这种6个月期国库券作为价值储藏手段比现金更为方便，因为这些国库券的面值比较大，并且可以以电子形式保存。出于这个原因，虽然这些国库券利率为负，一些投资者仍然愿意持有，即使从货币的角度讲，持有现金更为划算。显然，国库券的便利性使得它们的利率可以略低于零。例如一个1000块钱的东西一年后值1065块钱，但是1000块存在银行一年后负利率才1038块，还没有它升值快，存钱不赚反赔。

当物价指数（CPI）快速攀升，存银行的利率还赶不上通货膨胀率，导致银行存款利率实际为负，就成了负利率。用公式表示：负利率=银行利率-通货膨胀率（CPI指数）。这种情形下，如果你只把钱存在银行里，会发现随着时间的推移，银行存款不但没有增加，购买力反而逐渐降低，看起来就好像在"缩水"一样。

假如你把钱存进银行里，过一段时间后，算上利息在内没有增值，反而贬值了，这就是负利率所引发的。负利率是指利率减去通货膨胀率后为负值。当你把钱存入银行，银行会给你一个利息回报，比如某年的一年期定期存款利率是3%。而这一年整体物价水平涨了10%，相当于货币贬值10%。一边是银行给你的利息回报，一边是你存在银行的钱越来越不值钱了，那么这笔存款的实际收益是多少呢？用利率（明赚）减去通货膨胀率（暗亏），得到的这个数，就是你在银行存款的实际收益。

例如2008年的半年期定期存款利率是3.78%（整存整取），而2008年上半年的CPI同比上涨了7.9%。假设你在年初存入10000元的半年定期，存款到期后，你获得的利息额：（10000×3.78%）-（10000×3.78%）×5%＝359.1元（2008年上半年征收5%的利息税）；而你的10000元贬值额=10000×7.9%＝790元。790-359.1＝430.9元。也就是说，你的10000元存在银行里，表面上增加了359.1元，而实际上减少了430.9元。这样，你的银行存款的实际收益为-430.9元。

负利率的出现，意味着物价在上涨，而货币的购买能力却在

◇ 抵御负利率的手段 ◇

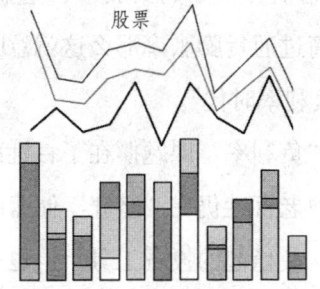

要抵御负利率,首先是进行投资,可以投资基金、股票、房产等,还可以购买黄金珠宝、收藏品。

除了投资之外,还要开源节流,做好规划。其中首先就是精打细算。

最后,要做好家庭的风险管理,更具体来说,就是将家庭的年收入进行财务分配,拿出其中的一部分来进行风险管理。

总起来说,就是需要人们广开财源,在条件允许的情况下找更多的方法来不断积累财富。

下降。即货币在悄悄地贬值，存在银行里的钱也在悄悄地缩水。在负利率的条件下，相对于储蓄，居民更愿意把自己拥有的财产通过各种其他理财渠道进行保值和增值，例如购买股票、基金、外汇、黄金等。如果银行利率不能高过通货膨胀率那么这就意味着，存款者财富缩水，国家进入"负利率时代"。

虽然理论推断和现实感受都将"负利率"课题摆在了百姓面前，但有着强烈"储蓄情结"的中国老百姓仍在"坚守"储蓄阵地。银行储蓄一向被认为是最保险、最稳健的投资工具。但也必须看到，储蓄投资的最大弱势是：收益较之其他投资偏低，长期而言，储蓄的收益率难以战胜通货膨胀，也就是说，特殊时期通货膨胀会吃掉储蓄收益。因此，理财不能单纯依赖"积少成多"的储蓄途径。

负利率将会对人们的理财生活产生重大影响。以货币形式存在的财富如现金、银行存款、债券等，其实际价值将会降低，而以实物形式存在的财富如不动产、贵金属、珠宝、艺术品、股票等，将可能因为通货膨胀的因素而获得价值的快速上升。因此，我们必须积极地调整理财思路，通过行之有效的投资手段来抗击负利率。

面对负利率时代的来临，将钱放在银行里已不合时宜。对于普通居民来说，需要拓宽理财思路，选择最适合自己的理财计划，让"钱生钱"。

负利率时代的到来，对于普通老百姓尤其是热衷于储蓄的人来说是一个不得不接受的事实；而在积极理财、投资意识强的人的眼中，它却意味着赚钱时代的到来。我们只有通过科学合理的理财方式来进行个人的投资，才能以行之有效的投资手段来抵御负利率。抵御负利率的手段有很多，如减少储蓄，多消费，甚至以理性的头脑和积极的心态进行投资（如股票、房产等）。因为你的投资收益越大，抵御通货膨胀的能力也就越强。所以，负利率不可怕，可怕的是面对负利率却无动于衷！

利率风险：利率的变动带来哪些风险

巴塞尔委员会在1997年发布的《利率风险管理原则》中将利率风险定义为：利率变化使商业银行的实际收益与预期收益或实际成本与预期成本发生背离，使其实际收益低于预期收益，或实际成本高于预期成本，从而可能使商业银行遭受损失。当市场利率上升时，可能导致其价格下跌的风险。

利率风险是指市场利率变动的不确定性给商业银行造成损失的可能性。银行日常管理的重点之一就是怎样控制利率风险。利率风险的管理在很大程度上依赖于银行对自身的存款结构进行管理，以及运用一些新的金融工具来规避风险或设法从风险中受益。

风险管理是现代商业银行经营管理的核心内容之一。伴随着

◇ 控制期限长度，规避利率风险 ◇

我们都知道，利率的变动导致长期债券的投资风险相当大。

利率市场化进程的推进，利率风险也将成为我国商业银行面临的最重要的风险之一。一般将利率风险按照来源不同分为：重新定价风险、收益率曲线风险、基准风险和期权性风险。

重新定价风险：如果银行以短期存款作为长期固定利率贷款的融资来源，当利率上升时，贷款的利息收入是固定的，但存款的利息支出却会随着利率的上升而增加，从而使银行的未来收益减少和经济价值降低。

收益率曲线风险：重新定价的不对称性会使收益率曲线斜率、形态发生变化，即收益率曲线的非平行移动，对银行的收益或内在经济价值产生不利的影响，从而形成收益率曲线风险。例如，若以五年期政府债券的空头头寸为十年期政府债券的多头头寸进行保值，当收益率曲线变陡的时候，虽然上述安排已经对收益率曲线的平行移动进行了保值，但该十年期债券多头头寸的经济价值还是会下降。

基准风险：一家银行可能用一年期存款作为一年期贷款的融资来源，贷款按照美国国库券利率每月重新定价一次，而存款则按照伦敦同业拆借市场利率每月重新定价一次。虽然用一年期的存款为来源发放一年期的贷款，由于利率敏感性负债与利率敏感性资产重新定价期限完全相同而不存在重新定价风险，但因为其基准利率的变化可能不完全相关，变化不同步，仍然会使该银行面临因基准利率的利差发生变化而带来的基准风险。

期权性风险：若利率变动对存款人或借款有利，存款人就可能选择重新安排存款，借款人可能选择重新安排贷款，从而对银行产生不利的影响。如今，越来越多的期权品种因具有较高的杠杆效应，还会进一步增大期权头寸，可能会对银行财务状况产生不利的影响。

对于老百姓来说，也存在利率风险的问题。

对于一笔二十五年期贷款而言，年偿付额为126美元，到期收益率为12%。不动产经纪人通常随身携带这样的袖珍计算器，从而可以立即告诉打算利用抵押贷款购房的买主每年（或每月）需要偿付的金额。更一般地，对于一笔固定支付贷款而言，每年固定的偿付额与到期前贷款年限都是已知的，只有到期收益率是未知的。

对很多追求稳定回报的投资者来说，大多会选择风险小、信用度高的理财产品。比如银行存款和有"金边债券"之称的国债。不少投资者认为，银行存款和国债绝对没有风险，利率事先已经确定，到期连本带息是少不了的。的确，至少从目前来看，银行和国家的信用是最高的，与之相关的金融产品风险也很小，但并不是说完全没有风险。比如央行加息，无论是银行存款还是国债，相关风险也会随之而产生，这里就是利率风险中的一种。

定期存款是普通老百姓再熟悉不过的理财方式，一次性存入，存入一定的期限（最短3个月，最长5年），到期按存入时公布的固定利率计息，一次性还本付息。想来这没有什么风险可

◇ 国债发行的目的 ◇

国债，又称国家公债，是国家以其信用为基础，按照债的一般原则，通过向社会筹集资金所形成的债权债务关系。

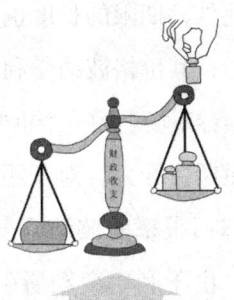

筹措军费：在战争时期军费支出巨大，在没有其他筹资办法的情况下，即通过发行战争国债筹集资金。

平衡财政收支：在增税有困难，又不能增发通货的情况下，采用发行国债的办法弥补财政赤字，是一项可行的措施。

我们买的国债到期了，不过又出来新的国债了。

筹集建设资金：通过发行中长期国债，可以将一部分短期资金转化为中长期资金，用于建设国家的大型项目。

替换国债的发行：在偿债的高峰期，为了解决偿债的资金来源问题，国家通过发行借换国债，用以偿还到期的旧债。

127

言,但一旦遇到利率调高,因为定期存款是不分段计息的,不会按已经调高的利率来计算利息,那些存期较长的定期存款就只能按存入日相对较低的利率来计息,相比已调高的利率就显得划不来了。

此外,期限的长度也是影响利率风险的一个重要因素。越长的债券,其价格波动受利率影响的程度就越大。这一结论有助于解释债券市场上的一个重要事实:长期债券的价格和回报率的波动性比短期债券大。对于距离到期日还有 20 年以上的债券,每年价格与回报率的波动幅度为 –20% ~ 20% 的情况十分常见。事实上,由于利率变动所引起的资产回报率的风险十分重要。控制利率风险是金融机构的经理和投资者经常需要关注的事情。

而凭证式国债也是老百姓最喜欢的投资产品之一,其因免税和利率较高而受到追捧。不少地方在发行时根本买不到,于是不少人购买国债时就选择长期的,也就是买五年期的,却不知一旦市场利率上升,国债的利率肯定也会水涨船高。

类似于银行定期存款,国债提前支取要收取 1‰ 的手续费,而且半年之内是没有利息的。扣除了这些因素后,如果划得来的话,可以提前支取转买新一期利率更高的国债。

而关注记账式国债的人比较少,但其确实是一种较好的投资,记账式国债收益可分为固定收益和做市价差收益(亏损)。固定利率是经投标确定的加权平均中标利率,一般会高于银行,其风险主要来自债券的价格,如果进入加息周期,债券的价格就会看跌,债券的全价可能会低于银行存款利率甚至亏损。

由于债券价格与市场利率成反比，利率降低，债券价格上升；利率上升，则债券价格下跌。因此，投资者在投资记账式国债的时候可以根据利率的变化和预期做出判断，若预计利率将上升，可卖出手中债券，待利率上升导致债券价格下跌时再买入债券，这时的债券实际收益率会高于票面利率。投资者一定要根据自己的实际情况合理地进行资产配置，在财务安全的前提下获得更高的收益。

一般来讲，当利率波动时，不同的存款人和投资者做出不同的行为选择。如果不考虑个别存款人的流动性需求，忽略高级别存款人的短期行为，当利率上升时，存款人和银行的长期均衡选择应该是不提款，升级。在进行金融产品的投资之前，投资者必须密切关注利率的走势，提高防范利率风险的能力。

利率市场化：把定权还给市场

从20世纪七八十年代开始，利率市场化就已经在全球初露端倪。有些国家默许银行等金融机构挣脱利率管制束缚，有些国家则干脆逐步放松甚至废除利率管制。

例如，在英国、德国、法国等欧洲国家，20世纪70年代就已经完成了存贷款利率市场化进程。美国从1980年开始分阶段取消存款利率上限，并且在1986年1月取消了定期储蓄存款利率上限，完全实现了利率市场化。与此同时，加拿大、日本等国家也基本取消了贷款、存款利率限制。

如果媒体经常报道利率下调，物价就会上涨，人们的生活负担会因通货膨胀而加重。另外，基准利率如果上调，百姓偿还贷款利息又会变得艰难。所以说，"利率上调，百姓受损；利率下调，百姓依然受损"，而非常不幸的是这种矛盾现象的存在是不争的事实。

所谓利率市场化，是指利率的数量结构、期限结构、风险结构都由交易双方自主确定，中央银行只是通过调控基准利率来间接影响市场利率，从而实现调整货币政策的目标。

利率降低，储蓄的百姓和每月领取固定工资的百姓会蒙受损失；利率提高，贷款消费的百姓则会受损。银行也是相同的道理。利率降低，会比过去通货膨胀时所贷出债务的利率要低，银行的资本反而会缩水。如此说来，利率的变动对百姓、企业、银行等各方来说，皆随着各自情况的不同或受益或受损。也就是说，谁会获益将取决于基准利率的升降。基准利率是投资规划中非常重要的一个参考指标，它带来的不仅是利息上的负担，更是说明市场有多少储蓄的最重要指标。

从全球范围来看，无论发达国家还是发展中国家，过去都曾经实行过非常严格的利率管制。利率管制虽然在不同历史阶段产生过一些积极作用，但随着时代的发展，尤其是在各种金融工具层出不穷的今天，利率管制越来越脱离市场需求，表现为不适应经济发展需要，甚至阻碍经济发展。银行利率经常会调整，目的是更好地适应资本市场发展需求。那么，从长远来看，利率市场化是必然的发展趋势，而不是以人们的意志为转移的。在中国，以中国人民银行对国家专业银行和其他金融机构规定的存贷款利率为基准利率。

中国人民银行宣布，自2010年10月20日起上调金融机构人民币存贷款基准利率。其中，金融机构一年期存款基准利率上调0.25个百分点，由现行的2.25％提高到2.50％；一年期贷款基准利率上调0.25个百分点，由现行的5.31％提高到5.56％；除活期存款利率未调整外，其他各档次存贷款基准利率均相应调整。

2010年10月20日的加息是我国央行时隔3年后的首度加息。央行最近一次加息是在2007年12月，2007年为应对流动性过剩和通胀压力，央行曾先后6次上调存贷款基准利率。2008年9月起，为应对国际金融危机，央行又开启了降息空间，5次下调贷款利率，4次下调存款利率。因此，本次加息可以视为是对当前通胀压力的担忧。

什么是基准利率？你能解读一下这条新闻背后的意义吗？现在这条新闻里面涉及一个既陌生又熟悉的金融名词——基准利

率。基准利率是人民银行公布的商业银行存款、贷款、贴现等业务的指导性利率。存款利率暂时不能上、下浮动，贷款利率可以在基准利率基础上下浮 10% 至上浮 70%。基准利率是金融市场上具有普遍参照作用的利率，其他利率水平或金融资产价格均可根据这一基准利率水平来确定。基准利率是利率市场化的重要前提之一，在利率市场化条件下，融资者衡量融资成本，投资者计算投资收益，客观上都要求有一个普遍公认的利率水平做参考。所以，基准利率也就成了利率市场化机制形成的核心。

一般来说，基准利率必须具备以下几个基本特征：第一，市场化。这是显而易见的，基准利率必须由市场供求关系决定，而且不仅反映实际市场供求状况，还要反映市场对未来的预期。第二，基础性。基准利率在利率体系、金融产品价格体系中处于基础性地位，它与其他金融市场的利率或金融资产的价格具有较强的关联性。第三，传递性。基准利率所反映的市场信号或者中央银行通过基准利率所发出的调控信号，能有效地传递到其他金融市场和金融产品价格上。

基准利率算得上是利率家族中的老大，对其他利率有决定性的影响，当它发生变动时，其他利率也会跟着变动。基准利率一般由中央银行调控。只要掌控基准利率，中央银行就能对其他利率施加影响，进而影响全国的资金流动。在我国，一年期存贷款利率是最重要的基准利率。媒体经常报道中国人民银行宣布加息或减息的决定，那个"息"一般就是指一年期存贷款利率。中

◇ 利率市场化的实施条件 ◇

利率市场化是指金融机构在货币市场经营融资的利率水平由市场供求来决定。利率市场化的实施条件有：

1. 公开的充分竞争的资金环境。

2. 资金市场参与者具有一定的理性。

3. 资金流动具有合理性和合法性。

4. 国民经济发展战略目标主要通过财政政策来实现。

央银行总是着眼于宏观经济，仔细权衡利率调整对方方面面的影响，谨慎地做出调整利率的决定。

过去，金融机构办理存贷款业务时执行的利率也是由中央银行制定的。现在利率逐步市场化了，金融机构在确定存贷款利率水平时有很大的灵活性。金融机构可以灵活设置贷款利率水平，条件是不低于中央银行发布的贷款基准利率的一定幅度，目前这个幅度是90%；商业性个人住房贷款利率的下调幅度为不低于贷款基准利率的85%。金融机构也可以灵活确定存款利率水平，条件是不高于中央银行制定的存款基准利率。理论上将上述利率管理方式称为贷款利率的下限管理和存款利率的上限管理。

基准利率水平的确定当然不可能是闭门造车，中国人民银行在确定基准利率水平时，主要考虑以下四个宏观经济因素：一是全社会资金的供求。资金可以被看作一种商品，利率则是资金的价格，可以被当作平衡资金供求的调节工具。二是企业利润水平。许多企业要向银行贷款，贷了款就得支付利息，利息支出是企业成本的一部分。如果贷款利率水平太高，企业成本增加，利润空间缩小。三是商业银行的利润水平。商业银行是资金的媒介，它的主要收益就是资金来源与资金运用两者的利息之差。中央银行的利率会直接影响商业银行的利润空间。四是物价水平。如果物价上涨过高，中央银行往往会提高利率，抑制通货膨胀；相反，如果物价太低，出现通货紧缩，中央银行就会考虑降低利率，帮助经济摆脱困境。

第六章

雾里看花的金融市场
——每天学点金融市场知识

股票市场：狼和羊组成的金融生态

股票的交易都是通过股票市场来实现的。股票市场是股票发行和流通的场所，也可以说是指对已发行的股票进行买卖和转让的场所。一般地，股票市场可以分为一、二级。一级市场也称为股票发行市场，二级市场也称为股票交易市场。股票是一种有价证券。有价证券除股票外，还包括国家债券、公司债券、不动产抵押债券等。国家债券出现较早，是最先投入交易的有价债券。随着商品经济的发展，后来才逐渐出现股票等有价债券。因此，股票交易只是有价债券交易的一个组成部分，股票市场也只是多种有价债券市场中的一种。目前，很少有单一的股票市场，股票市场不过是证券市场中专营股票的地方。

◇ 投资股票前要了解的知识 ◇

误区一：
只能分享收益不能承担风险

应对之策：
制定明确的投资目标

误区二：
害怕本金亏损又想赚大钱

应对之策：
设定数量化的投资标准

误区三：
明白价值投资却又从众

应对之策：
控制投资环境避免盲从

股票是社会化大生产的产物，至今已有将近400年的历史。很少有人知道，中国最早的股票市场是由精明的日商于1919年在上海日领事馆注册的，而蒋介石竟然是中国最早的股民之一。

1919年，日商在上海租界三马路开办了"取引所"（即交易所）。蒋介石、虞洽卿便以抵制取引所为借口，电请北京政府迅速批准成立上海证券物品交易所。

这时的北京政权为直系军阀所控制，曹锟、吴佩孚等人不愿日本人以任何方式介入中国事务。于是，中国以股票为龙头的第一家综合交易所被批准成立了。

1920年2月1日，上海证券物品交易所宣告成立，理事长为虞洽卿，常务理事为郭外峰、闻兰亭、赵林士、盛丕华、沈润挹、周佩箴六人，理事十七人，监察人为周骏彦等。交易物品有七种，为有价证券、棉花、棉纱、布匹、金银、粮食油类、皮毛。1929年10月3日《交易所法》颁布以后，它便依法将物品中的棉纱交易并入纱布交易所；证券部分于1933年夏秋间并入证券交易所，黄金及物品交易并入金业交易所。

一般交易所的买卖是由经纪人经手代办的。经纪人在交易所中缴足相当的保证金，在市场代理客商买卖货物，以取得相应的佣金。拥有资金实力的蒋介石、陈果夫、戴季陶等人便成了上海证券物品交易所的首批经纪人。但因为财力有限，他们不是上海证券物品交易所的股东，而只是他们所服务的"恒泰号"的股东。而恒泰号只是上海证券物品交易所的经纪机构之一。

恒泰号的营业范围是代客买卖各种证券及棉纱，资本总额银币 35000 元，每股 1000 元，分为 35 股。股东包括蒋介石在内，共有十七人，但为避嫌，在合同中却多不用真名，蒋介石就用的是"蒋伟记"的代号。

当时的大宗证券交易，只有蒋介石这样的四大财团才有实力入市一搏，精明的蒋介石当然不会错过这个机会。事实上，在蒋介石当经纪人的时候，上证所的主要业务还是棉花等大宗期货商品。当时还未真正形成股票市场。

而股票市场是已经发行的股票按时价进行转让、买卖和流通的市场，包括交易市场和流通市场两部分。股票流通市场包含了股票流通的一切活动。股票流通市场的存在和发展为股票发行者创造了有利的筹资环境，投资者可以根据自己的投资计划和市场变动情况，随时买卖股票。由于解除了投资者的后顾之忧，他们可以放心地参加股票发行市场的认购活动，有利于公司筹措长期资金，股票流通的顺畅也为股票的发行起了积极的推动作用。对于投资者来说，通过股票流通市场的活动，可以使长期投资短期化，在股票和现金之间随时转换，增强了股票的流动性和安全性。股票流通市场上的价格是反映经济动向的晴雨表，它能灵敏地反映出资金供求状况、市场供求、行业前景和政治形势的变化，是进行经济预测和分析的重要指标。对于企业来说，股权的转移和股票行市的涨落是其经营状况的指示器，还能为企业及时提供大量信息，有助于它们经营决策和改善经营管理。可见，股票流通市场具有重要的作用。

转让股票进行买卖的方法和形式称为交易方式，它是股票流通交易的基本环节。现代股票流通市场的买卖交易方式种类繁多，从不同的角度可以分为以下三类：

其一，议价买卖和竞价买卖。根据买卖双方决定价格的不同，分为议价买卖和竞价买卖。议价买卖就是买方和卖方一对一地面谈，通过讨价还价达成买卖交易。它是场外交易中常用的方式。一般在股票上不了市，交易量少，需要保密或为了节省佣金等情况下采用；竞价买卖是指买卖双方都是由若干人组成的群体，双方公开进行双向竞争的交易，即交易不仅在买卖双方之间有出价和要价的竞争，而且在买者群体和卖者群体内部也存在着激烈的竞争，最后在买方出价最高者和卖方要价最低者之间成交。在这种双方竞争中，买方可以自由地选择卖方，卖方也可以自由地选择买方，使交易比较公平，产生的价格也比较合理。竞价买卖是证券交易所中买卖股票的主要方式。

其二，直接交易和间接交易。按达成交易的方式不同，分为直接交易和间接交易。直接交易是买卖双方直接洽谈，股票也由买卖双方自行清算交割，在整个交易过程中不涉及任何中介的交易方式。场外交易绝大部分是直接交易；间接交易是买卖双方不直接见面和联系，而是委托中介人进行股票买卖的交易方式。证券交易所中的经纪人制度，就是典型的间接交易。

其三，现货交易和期货交易。按交割期限不同，分为现货交

◇ 如何卖出股票 ◇

买股票是为了赚钱,但也会让投资者发生亏损。为了避免资金发生大的损失,投资者需要学习如何卖股票。

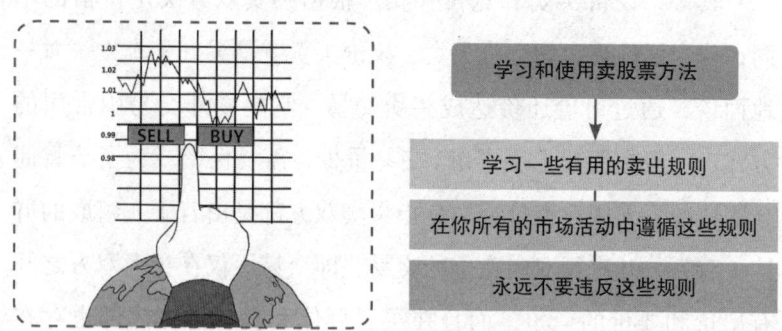

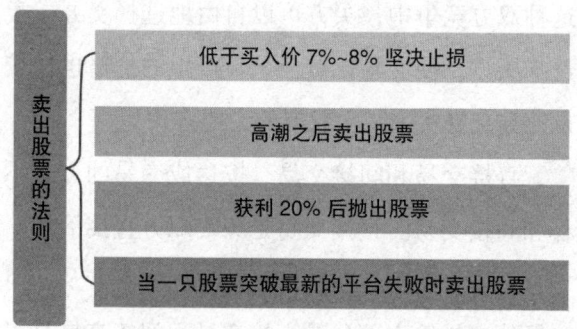

买入股票后就应该时刻保持警惕,在符合卖出规则的情况发生时坚决卖出股票。严格执行卖出规则,不仅可以帮助你避免大的损失,而且将帮助你增长财富。

易和期货交易。现货交易是指股票买卖成交以后，马上办理交割清算手续，当场钱货两清；期货交易则是股票成交后按合同中规定的价格、数量，经过若干时期再进行交割清算的交易方式。

有人说，如果把股市比喻成一个草原，普通股民是羊，那些企图捕食羊的利益团体是狼，政府就是牧羊人。但千万不要以为牧羊人就只保护羊，实际上，牧羊人也得保护狼，因为狼假如不够，羊没有天敌，就会繁衍得太多，而太多羊则会毁灭草原的植被，进而毁灭整个草原。政府说到底，既不保护羊也不保护狼，而是保护整个草原的生态平衡。因为牧羊人并不以保护羊为第一目标，他只在整个草原可能出现毁灭倾向时才会真正焦急。这样的比喻似乎比较清晰地揭示了股市运作的道理。

真实的股市在每一个股民的眼中都是不一样的。表面上看，股市永远就像庙会那样人山人海，热闹非凡；而实际上，置身其中，就会发现股市就如一个百鸟园一般充满不同的声音，而你却不知谁说的才是真的。真假难辨，是股民心中对股市一致的印象。

基金市场：让投资专家打理你的财富

通俗地说，基金就是通过汇集众多投资者的资金，交给银行托管，由专业的基金管理公司负责投资于股票和债券等证券，以实现保值、增值目的的一种投资工具。基金增值部分，也就是基金投资的收益,归持有基金的投资者所有,专业的托管、管理机构收取一定比例的管理费用。基金以"基金单位"作为单位,在基金初次发行时,将其基金总额划分为若干等额的整数份,每一份就是一个基金单位。

为了进一步理解基金的概念,我们可以做一个比喻:

假设你有一笔钱想投资债券、股票等进行增值,但自己既没有那么多精力,也没有足够的专业知识,钱也不是很多,于是想到与其他几个人合伙出资,雇一个投资高手,操作大家合出的资产进行投资增值。但投资过程中,如果每个投资人都与投资高手随时交涉,那将十分麻烦,于是就推举其中一个最懂行的人牵头办理这件事,并定期从大伙合出的资产中抽取提成作为付给投资高手的报酬。当然,牵头人出力张罗大大小小的事,包括挨家跑腿,随时与投资高手沟通,定期向大伙公布投资盈亏情况等,不可白忙,提成中也包括他的劳务费。

上面这种运作方式就叫作合伙投资。如果这种合伙投资的活动经过国家证券行业管理部门(中国证券监督管理委员会)的审批,允许这项活动的牵头操作人向社会公开募集吸收投资者加入合伙出资,这就是发行公募基金,也就是大家现在常见的基金。

基金包含资金和组织的两方面含义。从资金上讲,基金是用于特定目的并独立核算的资金。其中,既包括各国共有的养老

◇ 如何寻找适合自己的基金 ◇

基民往往会问这样一个问题,到底什么样的基金才是好基金?其实,适合自己的才是最好的。

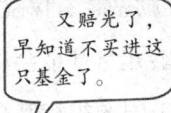

又赔光了,早知道不买进这只基金了。

投资基金必须确认可以做中长期投资,树立中长期的投资观念,而不是看到行情好就来个波段操作。投资基金不能有不切实际的幻想,要了解自己的性格和心理素质。

如果你是比较保守的投资人,则有稳定收益的平衡型或债券型基金会比较适合你。

如果你追求高收益、高风险,则可考虑积极成长型但风险可能较高的股票型基金。

将所有的钱统统投资于股票型基金并非成熟的基民所为,因为股市中总有难以预料的风险。

保险基金、退休基金、救济基金、教育奖励基金等，也包括中国特有的财政专项基金、职工集体福利基金、能源交通重点建设基金、预算调节基金等。从组织上讲，基金是为特定目标而专门管理和运作资金的机构或组织。这种基金组织，可以是非法人机构（如财政专项基金、高校中的教育奖励基金、保险基金等），可以是事业性法人机构（如中国的宋庆龄儿童基金会、孙冶方经济科学基金会、茅盾文学奖励基金会，美国的福特基金会、富布赖特基金会等），也可以是公司性法人机构。

基金有广义和狭义之分。从广义上说，基金是机构投资者的统称，包括信托投资基金、单位信托基金、公积金、保险基金、退休基金、各种基金会的基金。在现有的证券市场上的基金，包括封闭式基金和开放式基金，具有收益性功能和增值潜能的特点；从会计角度透析，基金是一个狭义的概念，意指具有特定目的和用途的资金。因为政府和事业单位的出资者不要求投资回报和投资收回，但要求按法律规定或出资者的意愿把资金用在指定的用途上，而形成了基金。

基金将众多投资者的资金集中起来，委托基金管理人进行共同投资，表现出一种集合理财的特点。通过汇集众多投资者的资金，积少成多，有利于发挥资金的规模优势，降低投资成本。基金与股票、债券、定期存款、外汇等投资工具一样也为投资者提供了一种投资渠道。它具有以下特点：

其一，集合理财，专业管理。基金将众多投资者的资金集

◇ 投资基金应避免3个误区 ◇

误区一

低价基金都是绩差基金

当前基金跌破面值分为多种情况,并不是所有低价基金都是绩差基金,一些跌破面值的基金依然具有投资价值。

误区二

低价基金等于低成本,投资者可以购买

基金份额并不像股票一样具有特定的内在价值,不存在上涨空间和下跌空间的问题,从而不具备"高卖低买"的基础。

误区三

低价基金投资收益一定差

暂时的低价并不代表基金一直保持低价,基金的投资价值及创造的投资收益,需要以未来基金净值的增长率来衡量。

中起来，由基金管理人进行投资管理和运作。基金管理人一般拥有大量的专业投资研究人员和强大的信息网络，能够更好地对证券市场进行全方位的动态跟踪与分析。将资金交给基金管理人管理，使中小投资者也能享受到专业化的投资管理服务。

其二，组合投资，分散风险。为降低投资风险，中国《证券投资基金法》规定，基金必须以组合投资的方式进行投资运作，从而使"组合投资、分散风险"成为基金的一大特色。"组合投资、分散风险"的科学性已为现代投资学所证明，中小投资者由于资金量小，一般无法通过购买不同的股票分散投资风险。基金通常会购买几十种甚至上百种股票，投资者购买基金就相当于用很少的资金购买了一篮子股票，某些股票下跌造成的损失可以用其他股票上涨的盈利来弥补。因此可以充分享受到组合投资、分散风险的好处。

其三，利益共享，风险共担。基金投资者是基金的所有者。基金投资人共担风险，共享收益。基金投资收益在扣除由基金承担的费用后的盈余全部归基金投资者所有，并根据各投资者所持有的基金份额比例进行分配。为基金提供服务的基金托管人、基金管理人只能按规定收取一定的托管费、管理费，并不参与基金收益的分配。

其四，严格监管，信息透明。为切实保护投资者的利益，增强投资者对基金投资的信心，中国证监会对基金业实行比较严格的监管，对各种有损投资者利益的行为进行严厉的打击，并强制基金进行较为充分的信息披露。在这种情况下,严格监管与信息透明也就成为基金的一个显著特点。

其五,独立托管,保障安全。基金管理人负责基金的投资操作,本身并不经手基金财产的保管。基金财产的保管由独立于基金管理人的基金托管人负责。这种相互制约、相互监督的制衡机制对投资者的利益提供了重要的保护。

基金管理公司就是这种合伙投资的牵头操作人,为公司法人,其资格必须经过中国证监会审批。一方面,基金公司与其他基金投资者一样也是合伙出资人之一;另一方面,基金公司负责牵头操作,每年要从大家合伙出的资产中按一定的比例提取劳务费,并定期公布基金的资产和收益情况。当然,基金公司的这些活动必须经过证监会批准。

为了保证投资者的资产安全,不被基金公司擅自挪用,中国证监会规定,基金的资产不能交给基金公司,基金公司和基金经理只负责交易操作,不能碰钱,记账管钱的事要找一个擅长此事信用又高的角色负责,这个角色当然非银行莫属。于是这些资产就放在银行,建立一个专门账户,由银行管账记账,称为基金托管。当然银行的劳务费也得从这些资产中按比例抽取按年支付。所以,基金资产的风险主要来自投资高手的操作失误,而因基金资产被擅自挪用造成投资者资金损失的可能性很小。从法律角度说,即使基金管理公司倒闭甚至托管银行出事了,向它们追债的人也无权挪走基金专户的资产,因此基金资产的安全是很有保障的。

黄金市场：黄金天然是货币

1968 年黄金总库解散，美国及其他西方国家不再按官价供应黄金，听任市场金价自由波动；1971 年 8 月 15 日美国宣布不再对外国官方持有的美元按官价兑换黄金。从此，世界上的黄金市场就只有自由市场了。世界上约有 40 个城市有黄金市场。在不允许私人进行黄金交易的某些国家，存在着非法黄金市场（黑市）。黑市金价一般较高，因而也伴有走私活动。各国合法的黄金自由市场一般都由受权经营黄金业务的几家银行组成银行团办理。黄金买卖大部分是现货交易，20 世纪 70 年代以后黄金期货交易发展迅速。但期货交易的实物交割一般只占交易额的 2% 左右。黄金市场上交易最多的是金条、金砖和金币。

黄金市场，是集中进行黄金买卖的交易场所。黄金交易与证券交易一样，都有一个固定的交易场所，世界各地的黄金市场就是由存在于各地的黄金交易所构成。黄金交易所一般都是在各个国际金融中心，是国际金融市场的重要组成部分。

在黄金市场上买卖的黄金形式多种多样，主要有各种成色和重量的金条、金币、金丝和金叶等，其中最重要的是金条。大金条量重价高，是专业金商和中央银行买卖的对象，小金条量轻价低，是私人和企业买卖、收藏的对象。金价按纯金的重量计算，即以金条的重量乘以金条的成色。黄金市场是集中进行黄金买卖和金币兑换的市场，是专门经营黄金买卖的金融市场。进行黄金交易的有世界各国的公司、银行和私人以及各国官方机构。黄金交易的去向主要是工业用金、私人储藏、官方储备、投机商牟利等。

全球黄金市场主要分布在欧、亚、北美三个区域。欧洲以伦敦、苏黎世黄金市场为代表；亚洲主要以香港为代表；北美主要以美国的纽约、芝加哥和加拿大的温尼伯为代表。全球各大金市的交易时间，以伦敦时间为准，形成伦敦、纽约（芝加哥）、香港连续不断的黄金交易。

美国黄金市场由纽约商品交易所（NYMEX）、芝加哥国际商品交易所（IMM）、底特律、旧金山和水牛城共五家交易所构成。美国黄金市场以黄金期货交易为主，目前纽约黄金市场是世界上交易量最大和最活跃的期金市场。伦敦是世界上最大的黄金市场，市场黄金的供应者主要是南非。狭义地说，伦敦黄金市场主要指伦敦金银市场协会（LBMA），该市场不是以交易所的形式存在，而是指OTC市场（银行的外汇市场交易主体以双边授信为基础，通过自己双边沟通价格，双边精算进行的，即期外交易）。其运作方式是通过无形方式——会员的业务网络来完成的。瑞士不仅是世界上新增黄金的最大中转站，也是世界上最大的私人黄金的存储与借贷中心。苏黎世黄金市场在国际黄金市场上的地位仅次于伦敦。日本黄金交易所成立于1981年4月（1984年与东

◇ 投资黄金的好处 ◇

黄金作为贵金属，是一种硬通货。不论通货膨胀还是货币贬值都不会对黄金的价值产生影响，反而其价值会随着通货膨胀而升值，因而黄金投资深受人们的喜爱。

无风险

即使政局和经济不稳，尤其是发生战争或经济危机时，黄金的价格仍能维持不变甚至稳步上升，保持了资产的价值。

无折旧

当金饰久经佩戴后可能会变色，但黄金本身的价值并没有削减，只要重新清洗就可以恢复原来的光泽，可以随时熔炼制造全新的金饰或金条。

具有收藏价值

因其价值的固定性决定了它具有收藏价值。无论是古代金器还是近现代的纪念品，都是很好的藏品。

京橡胶交易所等合并为东京工业品交易所），1982年开设期货。2004年，黄金期权获准上市，日本的黄金期货市场更加活跃。中国黄金市场改革始于1993年，2001年4月，中国人民银行行长戴相龙宣布取消黄金"统购统配"的计划管理体制，2002年10月上海黄金交易所开业，标志着中国黄金业开始走向市场化。

国际黄金市场的参与者，可分为国际金商、银行、对冲基金等金融机构、各种法人机构、个人投资者以及在黄金期货交易中有很大作用的经纪公司。

国际金商。最典型的就是伦敦黄金市场上的五大金行，其自身就是一个黄金交易商，由于其与世界上各大金矿和黄金商有广泛的联系，而且其下属的各个公司又与许多商店和黄金顾客有联系，因此，五大金商会根据自身掌握的情况，不断报出黄金的买价和卖价。当然，金商要承担金价波动的风险。

银行。又可以分为两类，一种是仅仅为客户代行买卖和结算，本身并不参加黄金买卖，以苏黎世的三大银行为代表，它们充当生产者和投资者之间的经纪人，在市场上起到中介作用。也有一些做自营业务的，如在新加坡黄金交易所（UOB）里，就有多家自营商会员是银行的。

对冲基金。近年来，国际对冲基金尤其是美国的对冲基金活跃在国际金融市场的各个角落。在黄金市场上，几乎每次大的下跌都与基金公司借入短期黄金在即期黄金市场抛售和在纽约商品交易所黄金期货交易所构筑大量的建仓有关。一些规模庞大的对冲基金利用与各国政治、工商和金融界千丝万缕的联系往往较先捕捉到经济基本面的变化，利用管理的庞大资金进行买空和卖空，从而加速黄金市场价格的变化而从中渔利。

各种法人机构和个人投资者。这里既包括专门出售黄金的公司，如各大金矿、黄金生产商、黄金制品商（如各种工业企业）、首饰行以及私人购金收藏者等，也包括专门从事黄金买卖的投资公司、个人投资者等。根据对市场风险的喜好程度，又可以分为避险者和冒险者：前者希望黄金保值而回避风险，希望将市场价格波动的风险降到最低，如黄金生产商、黄金消费者等；后者则希望从价格涨跌中获得利益，因此愿意承担市场风险，如各种对冲基金等投资公司。

经纪公司。是专门从事代理非交易所会员进行黄金交易，并收取佣金的经纪组织。有的交易所把经纪公司称为经纪行。在纽约、芝加哥、中国香港等黄金市场里，有很多经纪公司，它们本身并不拥有黄金，只是派出场内代表在交易厅里为客户代理黄金买卖，收取客户的佣金。

黄金同市场上其他货币及商品一样都存在着市场风险。通常与货币相比，黄金的波动率较低，然而这些年来随着投机行为的增加，黄金的波动变大了。作为投资对象，黄金与其他投资对象相比有着不同的属性。一直以来投资者对这个市场都抱有极大的兴趣，这导致其市场流通性高于其他市场。高流通性意味着，当

◇ 如何预测黄金价格的走势 ◇

根据这些年来黄金的历史趋势，可以总结出预测黄金价格的两种简单方法：

根据供需变化预测：供大于求时，黄金价格下跌；供不应求时，黄金价格上升。

根据美元走势预测：由于国际金价用美元计价，黄金价格与美元走势的互动关系非常密切，通常呈现美元涨则黄金跌、美元跌则黄金涨的逆向互动关系。

你想卖出时不愁找不到买家，同时在你想买入的时候不愁找不到卖主。

在黄金市场上人们可以投资买卖金币和金条、珠宝、期货和期权、基金，甚至黄金证。与众多其他物品交易相比，黄金交易不但快而且价差低。在外汇市场上，黄金可以说是相对美元的避险投资。美元升值，金价下跌；美元贬值，则金价上涨。明白了这一点，投资者就能把黄金交易作为一种手段来平衡其在美元买卖中的盈亏。市场条件在不断变化，然而黄金一直保持着它的购买力。因此，一些投资者买入黄金来平衡通货膨胀和货币价值变化造成的影响。在外汇交易中，投资者买卖黄金大多出于投机目的而不是为了长期的投资。在外汇市场，交易者可在买入黄金几小时后卖出，凭借黄金价格的小幅波动获利。

货币市场：一手交钱，另外一只手也交钱

一个商业公司有暂时过剩的现金。这家公司可以把这些钱安全地投入货币市场1～30天，或者如果需要可以投入更长的时间，赚取市场利率，而不是让资金闲置在一个无息的活期存款账户里。另一种情况是，如果一家银行在联邦账户上暂时缺少储量，它可以到货币市场上购买另一机构的联邦基金，来增加联邦储备账户隔夜数额，满足其临时储备需要。这里的关键想法是，参与者在这些市场调节其流动性——他们借出闲置资金或借用短

期贷款。

货币市场是一个市场的汇集，每个交易都使用明显不同的金融工具。货币市场没有正式的组织，如纽约证券交易所针对产权投资市场。货币市场的活动中心是经销商和经纪人，他们擅长一种或多种货币市场工具。经销商根据自己的情况购买证券，当一笔交易发生时，出售他们的库存证券，交易都是通过电话完成的，尤其是在二级市场上。由于那里金融公司集中，市场集中在纽约市曼哈顿区，主要参与者使用电子方式联系遍及美国、欧洲和亚洲的主要金融中心。

货币市场也有别于其他金融市场，因为它们是批发市场，参与大型的交易。尽管一些较小的交易也可能发生，多数是100万美元或更多。由于非个人的、竞争的性质，货币市场交易是所谓的公开市场交易，没有确定的客户关系。比如说，一家银行从一些经纪人那里寻找投标来交易联邦基金，以最高价出售并以最低价买进。但是，不是所有的货币市场交易都像联邦基金市场一样开放。例如，即使银行没有以当前的利率积极地寻找资金，货币市场的银行通常给经销商"融资"，这些经销商是银行的好顾客，因为他们出售他们的可转让存单。因此，在货币市场上，我们找到了一些"赠送"，不是这么多形式的价格优惠，而是以通融资金的形式。

◇ 货币市场的参与者及其相互关系 ◇

根据这些年来黄金的历史趋势，可以总结出预测黄金价格的两种简单方法：

资金需求者与供给者

交易中介

政府及政府机构与中央银行

个人

1. 货币市场活动的目的

主要是保持资金流动性，以便能随时随地获得现实的货币用于正常周转。换句话说，它一方面要能满足对资金使用的短期需求，另一方面也要为短期闲置资金寻找出路。

2. 货币市场的几个基本特征

（1）期限较短。货币市场期限最长为1年，最短为1天、半天，以3~6个月者居多。

（2）流动性强。货币市场的流动性主要是指金融工具的变现能力。

（3）短期融资。货币市场交易的目的是短期资金周转的供求需要，一般的去向是弥补流动资金临时不足。

3. 货币市场的功能

主要包括：媒介短期资金融通，促进资金流动，对社会资源进行再分配；联络银行和其他金融机构，协调资金的供需；显示资金形式，有助于进行宏观调控。让我们详细地研究，为什么货币市场工具具有这些特点。

首先，如果你有资金可以暂时投资，你只想购买最高信用等级企业的金融债券，并且尽量减少任何违约对本金的损失。因此，货币市场工具由最高等级的经济机构发行（即最低的违约风险）。

其次，你不想持有长期证券，因为如果发生利率变化，它们与短期证券相比有更大的价格波动（利率风险）。此外，如果利率变化不显著，到期期限与短期证券相差的时间不是很远，这时可以按票面价值兑换。

再次，如果到期之前出现意外，急需资金，短期投资一定很适合市场销售。因此，许多货币市场工具有很活跃的二级市场。为了高度的市场可售性，货币市场工具必须有标准化的特点（没有惊喜）。此外，发行人必须是市场众所周知的而且有良好的信誉。

最后，交易费用必须要低。因此，货币市场工具一般都以大面值批发出售——通常以100万美元到1000万美元为单位。比如说，交易100万美元至1000万美元的费用是50美分至1美元。

4. 个别货币市场工具和这些市场的特点

关于货币市场，可以从市场结构出发来重点关注以下几个方面：

（1）同业拆借市场。同业拆借市场也叫同业拆放市场，主要是为金融机构之间相互进行短期资金融通提供方便。参与同业拆借市场的除了商业银行、非银行金融机构外，还有经纪人。

同业拆借主要是为了弥补短期资金不足、票据清算差额以及解决其他临时性资金短缺的需要。所以，其拆借期限很短，短则一两天，长则一两个星期，一般不会超过一个月。

正是由于这个特点，所以同业拆借资金的利率是按照日利率来计算的，利息占本金的比率称为"拆息率"，而且每天甚至每时每刻都会发生调整。

（2）货币回购市场。货币回购主要通过回购协议来融通短期资金。这种回购协议，是指出售方在出售证券时与购买方签订的协议，约定在一定期限后按照原定价格或约定价格购回出售的证券，从而取得临时周转资金。这种货币回购业务实际上是把证券作为抵押品来取得抵押贷款。

（3）商业票据市场。商业票据分为本票和汇票两种。所谓本票，是指债务人向债权人发出的支付承诺书，债务人承诺在约定期限内支付款项给债权人；所谓汇票，是指债权人向债务人发出的支付命令，要求债务人在约定期限内支付款项给持票人或其他人。而商业票据市场上的主要业务，则是对上述还没有到期的商业票据，如商业本票、商业承兑汇票、银行承兑汇票等进行承兑和贴现。

货币市场的存在使得工商企业、银行和政府可以从中借取短缺资金，也可将它们暂时多余的、闲置的资金投放在市场中作为短期投资，生息获利，从而促进资金合理流动，解决短期性资金融通问题。各家银行和金融机构的资金，通过货币市场交易，从分散到集中，从集中到分散，从而使整个金融体系的融资活动有机地联系起来。

货币市场在一定时期的资金供求及其流动情况，是反映该时期金融市场银根松紧的指示器，它在很大程度上是金融当局进一步贯彻其货币政策、宏观调控货币供应量的帮手。

保险市场：给未来拉上一根"安全绳"

保险，对大家来说并不陌生，随着社会经济的不断发展，保险已经进入千家万户，和人们日常生活的联系越来越紧密。保险是以契约形式确立双方经济关系，以缴纳保险费建立起来的保险基金，对保险合同规定范围内的灾害事故所造成的损失，进行经济补偿或给付的一种经济形式。

保险市场是市场的一种形式，是保险商品交换关系的总和或是保险商品供给与需求关系的总和。它既可以指固定的交易场所如保险交易所，也可以是所有实现保险商品让渡的交换关系的总和。

在保险市场上，交易的对象是保险人为消费者所面临的风险提供的各种保险保障。保险市场的构成要素如下：首先是为保险交易活动提供各类保险商品的卖方或供给方；其次是实现交易活动的各类保险商品的买方或需求方；最后就是具体的交易对象——各类保险商品。后来，保险中介方也渐渐成为构成保险市场不可或缺的因素之一。

保险市场的类型有很多种分法：

其一，根据保险标的的不同，保险可以分为财产保险、人身保险与责任保险。财产保险又可分为海上保险、火险、运输险、工程险等；人身保险又可分为人寿险、健康险、意外伤害险等；责任保险又可分为雇主责任险、职业责任险、产品责任险等。

财产保险是以物或其他财产利益为标的的保险。广义的财产保险包括有形财产保险和无形财产保险；人身保险是以人的生命、身体或健康作为保险标的的保险；责任保险是以被保险人的民事损害赔偿作为保险标的的保险。

其二，按保险业务承保的程序不同，可分为原保险市场和再保险市场。原保险市场：亦称直接业务市场，是保险人与投保人之间通过订立保险合同而直接建立保险关系的市场。再保险市场：亦称分保市场，是原保险人将已经承保的直接业务通过再保险合同转分给再保险人的方式形成保险关系的市场。

其三，按照保险业务性质不同，可分为人身保险市场和财产保险市场。人身保险市场：是专门为社会公民提供各种人身保险商品的市场。财产保险市场：是从事各种财产保险商品交易的市场。

其四，按保险业务活动的空间不同可分为国内保险市场和国际保险市场。国内保险市场：是专门为本国境内提供各种保险商品的市场，按经营区域范围又可分为全国性保险市场和区域性保险市场。国际保险市场：是国内保险人经营国外保险业务的保险市场。

其五，按保险市场的竞争程度不同，可分为垄断型保险市场、自由竞争型保险市场、垄断竞争型保险市场。垄断型保险市场：是由一家或几家保险人独占市场份额的保险市场，包括完全垄断和寡头垄断型保险市场。自由竞争型保险市场：是保险市场上存在数量众多的保险人、保险商品交易完全自由、价值规律和市场供求规律充分发挥作用的保险市场。垄断竞争型保险市场：是大小保险公司在自由竞争中并存，少数大公司在保险市场中分别具有某种业务的局部垄断地位的保险市场。

保险市场机制是指将市场机制一般引用于保险经济活动中所形成的价值规律、供求规律及竞争规律之间相互制约、相互作用的关系。

第一，价值规律在保险市场上的作用。价值规律对于保险费率的自发调节只能限于凝结在费率中的附加费率部分的社会必要劳动时间，对于保险商品的价值形成方面具有一定的局限性，只能通过要求保险企业改进经营技术，提高服务效率，来降低附加费率成本。

第二，供求规律在保险市场上的作用。保险市场上保险费率的形成，一方面取决于风险发生的频率，另一方面取决于保险商品的供求情况。保险市场的保险费率不是完全由市场的供求情况决定；相反，要由专门的精算技术予以确立。

第三，竞争规律在保险市场上的作用。在保险市场上，由于交易的对象与风险直接相关联，使得保险商品的费率的形成并不完全取决于供求力量的对比。相反，风险发生的频率即保额损失率等才是决定费率的主要因素，供求仅仅是费率形成的一个次要因素。因此，一般商品市场价格竞争机制，在保险市场上必然受到某种程度的限制。

◇ 保险市场存在的问题 ◇

基民往往会问这样一个问题，到底什么样的基金才是好基金？其实，适合自己的才是最好的。

问题一：
现在的保险公司业务员素质参差不齐，很多业务员存在不诚信的问题，在讲解保险知识时有意隐瞒。

问题二：
"入保险容易，理赔难"是现在很多保险公司的现状，保险人在申请理赔时往往步骤烦琐，花费大量时间和精力。

问题三：
目前，保险市场运行的许多险种针对性和适用性差，条款设计缺乏严密性，不能很好地满足投保人多方面的需要。

我国国内财产保险业务自1980年恢复以来，保费收入从1980年的4.6亿元增加到2007年的1997.7亿元，年增长25.3%。我国财产保险市场的基本特征为：财产保险公司数量明显增加，开始形成垄断竞争型格局。随着《保险法》的实施，保险公司1996年开始分业经营，中保集团分为中保集团财产保险有限公司、人寿保险有限公司、再保险有限公司。1999年3月中保集团解散，原中保集团财产保险有限公司改为中国人民保险公司。至2001年年底，财产保险公司发展到22家，其中，中资财产保险公司12家，外资、中外合资财产保险公司10家；至2003年年底，财产保险公司发展到27家，其中，中资财产保险公司10家，外资、中外合资财产保险公司15家；到2006年年底，财产保险公司发展到42家，其中，中资财产保险公司27家，外资、合资财产保险公司15家。我国多主体的财产保险市场格局虽然已基本形成，但仍然属于寡头垄断型市场，现在开始向垄断竞争型转换。

改革开放以来，我国一方面允许外国保险公司进入中国保险市场；另一方面鼓励国内保险公司在国外经营保险业务。尤其自2001年入世和2004年全面开放以来，外资保险公司和市场份额均有明显增加，到2007年年底，42家财产保险公司中，外资保险公司为15家。外资财产公司财产保费收入占财产保险市场份额的比重，由2000年的0.2%上升到2007年的1.16%。尤其是2004年保险市场全面对外开放以来，不仅在我国的外国财产保险公司进一步增加，在经营业务的区域和险种上进一步扩大，我国保险市场将逐步与国际保险市场接轨。

我国保险市场得到了快速的发展，但依然存在一些需要完善的地方，主要表现在：有效供给不足，有效需求不足，处于低水平均衡状态；国民保险意识相对较淡薄；保险法规尚需进一步完善；保险偿付能力监管和保险公司体制均有待完善。

证券市场：风云变幻的"大舞台"

在普通老百姓的眼里，证券市场似乎总是那么虚幻、不可捉摸。一谈到证券市场，人们就会立刻想到那些一夜间变成百万富翁，又一夜间沦为乞丐的传奇故事。在中国，人们首先想到的是股票市场，因为股票市场和老百姓接触最多。像大多数国家的股票市场一样，中国的股票市场也凝聚了"股民"们太多的情感，它有时让人激动兴奋、为之着魔，有时又让人绝望沮丧、失魂落魄。证券市场是现代金融市场体系的重要组成部分，主要包括股票市场、债券市场以及金融衍生品市场等。在现代市场经济中，证券市场发挥的作用越来越大。

证券市场是证券发行和交易的场所。从广义上讲，证券市场是指一切以证券为对象的交易关系的总和。从经济学的角度，可以将证券市场定义为：通过自由竞争的方式，根据供需关系来决定有价证券价格的一种交易机制。在发达的市场经济中，证券市场是完整的市场体系的重要组成部分,它不仅反映和调节货币资金的运动,而且对整个经济的运行具有重要影响。

从经济学的角度来看,证券市场具有以下三个显著特征:第一,证券市场是价值直接交换的场所。有价证券是价值的直接代表,其本质上只是价值的一种直接表现形式。虽然证券交易的对象是各种各样的有价证券,但由于它们是价值的直接表现形式,所以证券市场本质上是价值的直接交换场所。第二,证券市场是财产权利直接交换的场所。证券市场上的交易对象是作为经济权益凭证的股票、债券、投资基金券等有价证券,它们本身仅是一定量财产权利的代表,所以,代表着对一定数额财产的所有权或债权以及相关的收益权。证券市场实际上是财产权利的直接交换场所。第三,证券市场是风险直接交换的场所。有价证券既是一定收益权利的代表,同时也是一定风险的代表。有价证券的交换在转让出一定收益权的同时,也把该有价证券所特有的风险转让出去。所以,从风险的角度分析,证券市场也是风险的直接交换场所。

证券的产生已有很久的历史,但证券的出现并不标志着证券市场同时产生,只有当证券的发行与转让公开通过市场的时候,证券市场才随之出现。因此,证券市场的形成必须具备一定的社会条件和经济基础。股份公司的产生和信用制度的深化,是证券市场形成的基础。

证券市场是商品经济和社会化大生产发展的必然产物。随着

◇ 证券市场的构成要素 ◇

证券市场的构成要素主要包括证券市场参与者、证券市场交易工具和证券交易场所三个方面。

证券市场参与者：包括证券发行人、证券投资者、证券中介机构、自律性组织和证券监管机构。

证券市场交易工具：包括政府债券、金融债券、公司（企业）债券以及股票、基金、金融衍生证券等。

证券交易场所：分为场内交易市场和场外交易市场两种。

生产力的进一步发展和商品经济的日益社会化，资本主义从自由竞争阶段过渡到垄断阶段，依靠原有的银行借贷资本已不能满足巨额资金增长的需要。为满足社会化大生产对资本扩张的需求，客观上需要有一种新的筹集资金的手段，以适应经济进一步发展的需要。在这种情况下，证券与证券市场就应运而生了。

证券市场是市场经济发展到一定阶段的产物，是为解决资本供求矛盾和流动而产生的市场。因此，证券市场有几个最基本的功能：

其一，融通资金。融通资金是证券市场的首要功能，这一功能的另一作用是为资金的供给者提供投资对象。一般来说，企业融资有两种渠道：一是间接融资，即通过银行贷款而获得资金；二是直接融资，即发行各种有价证券使社会闲散资金汇集成为长期资本。前者提供的贷款期限较短，适合解决企业流动资金不足的问题，而长期贷款数量有限，条件苛刻，对企业不利。后者却弥补了前者的不足，使社会化大生产和企业大规模经营成为可能。

其二，资本定价。证券市场的第二个基本功能就是为资本决定价格。证券是资本的存在形式，所以，证券的价格实际上是证券所代表的资本的价格。证券的价格是证券市场上证券供求双方共同作用的结果。证券市场的运行形成了证券需求者竞争和证券供给者竞争的关系，这种竞争的结果是：能产生高投资回报的资本，市场的需求就大，其相应的证券价格就高；反之，证券的价格就低。因此，证券市场是资本的合理定价机制。

其三，资本配置。证券投资者对证券的收益十分敏感，而证券收益率在很大程度上取决于企业的经济效益。从长期来看，经济效益高的企业的证券拥有较多的投资者，这种证券在市场上买卖也很活跃。相反，经济效益差的企业的证券投资者越来越少，市场上的交易也不旺盛。所以，社会上部分资金会自动地流向经济效益好的企业，远离效益差的企业。这样，证券市场就引导资本流向能产生高报酬的企业或行业，从而使资本产生尽可能高的效率，进而实现资源的合理配置。

其四，分散风险。证券市场不仅为投资者和融资者提供了丰富的投融资渠道，而且还具有分散风险的功能。对于上市公司来说，通过证券市场融资可以将经营风险部分地转移和分散给投资者，公司的股东越多，单个股东承担的风险就越小。另外，企业还可以通过购买一定的证券，保持资产的流动性和提高盈利水平，减少对银行信贷资金的依赖，提高企业对宏观经济波动的抗风险能力。对于投资者来说，可以通过买卖证券和建立证券投资组合来转移和分散资产风险。投资者往往把资产分散投资于不同的对象，证券作为流动性、收益性都相对较好的资产形式，可以有效地满足投资者的需要，而且投资者还可以选择不同性质、不同期限、不同风险和收益的证券构建证券组合，分散证券投资的风险。

谁在负责处理我们的钱
——每天学点金融机构知识

银行：金融界当之无愧的"大哥"

中世纪的时候，世界上只有两种人有钱，一种是贵族，另一种是主教。所以，银行是不必要的，因为根本没有商业活动。

到了17世纪，一些平民通过经商致富，成了有钱的商人。他们为了安全，都把钱存放在国王的铸币厂里。那个时候还没有纸币，所谓存钱就是指存放黄金。因为那时实行"自由铸币"制度，任何人都可以把金块拿到铸币厂里，铸造成金币，所以铸币厂允许顾客存放黄金。

但是这些商人没意识到，铸币厂是属于国王的，如果国王想动用铸币厂里的黄金，那是无法阻止的。1638年，英国国王查理一世同苏格兰贵族爆发了战争，为了筹措军费，他就征用了铸币

◇ 我国银行的分类 ◇

在我国，银行有多种分类方法，一般而言，银行按如下分类：

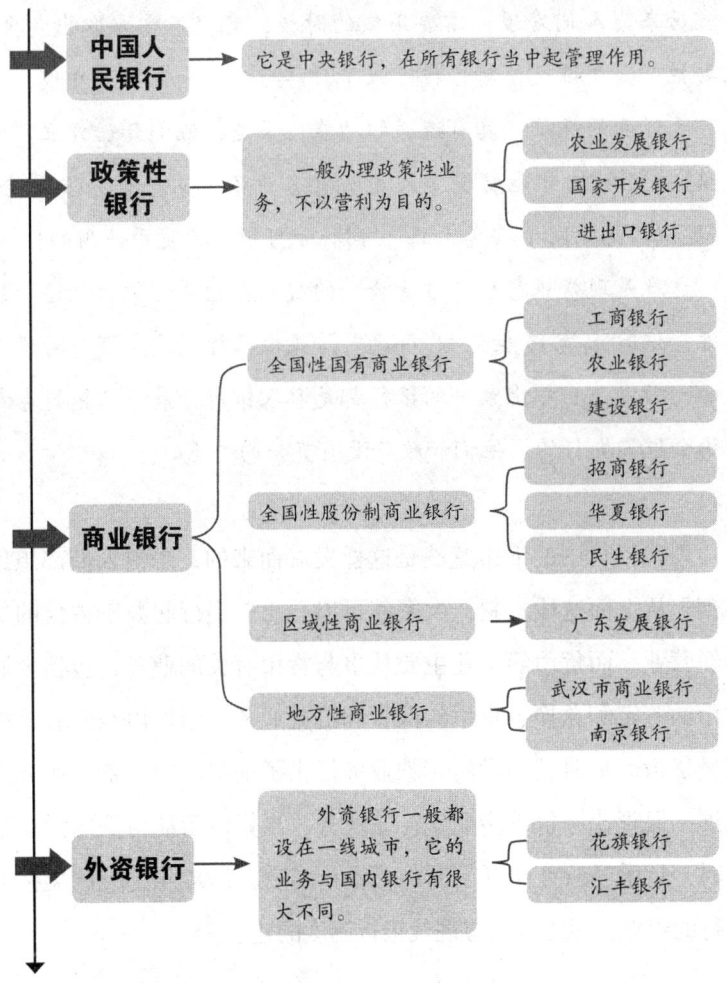

厂里平民的黄金，美其名曰贷款给国王。虽然，黄金后来还给了原来的主人，但是商人们感到，铸币厂不安全。于是，他们把钱存到了金匠那里。金匠为存钱的人开立了凭证，以后拿着这张凭证，就可以取出黄金。

后来商人们发现，需要用钱的时候，其实不需要取出黄金，只要把黄金凭证交给对方就可以了。再后来，金匠突然发现，原来自己开立的凭证，具有流通的功能！于是，他们开始开立"假凭证"。他们惊奇地发现，只要所有客户不是同一天来取黄金，"假凭证"就等同于"真凭证"，同样是可以作为货币使用的！

这就是现代银行中"准备金"的起源，也是"货币创造"的起源。这时正是17世纪60年代末，现代银行就是在那个时候诞生的。所以，世界上最早的银行都是私人银行，最早的银行券都是由金匠们发行的，他们和政府没有直接的关系。

现代银行中的纸币竟然是这样发展而来的，恐怕人们都想象不到。从上面这段资料，大家就可以看出，银行起源于古代的货币经营业。而货币经营业主要从事与货币有关的业务，包括金属货币的鉴定和兑换、货币的保管和汇兑业务。当货币经营者手中大量货币聚集时就为发展贷款业务提供了前提。随着贷款业务的发展，保管业务也逐步变成存款业务。当货币活动与信用活动结合时，货币经营业便开始向现代银行转变。1694年，英国英格兰银行的建立，标志着西方现代银行制度的建立。

"银行"一词,源于意大利"Banca"一词,其原意是"长凳、椅子",是最早的市场上货币兑换商的营业用具。英语转化为"Bank",意为"存钱的柜子"。在我国有"银行"之称,则与我国经济发展的历史相关。在我国历史上,白银一直是主要的货币材料之一。"银"往往代表的就是货币,而"行"则是对大商业机构的称谓,所以把办理与银钱有关的大金融机构称为银行。

在我国,明朝中叶就形成了具有银行性质的钱庄,到清代又出现了票号。第一次使用银行名称的国内银行是"中国通商银行",成立于1897年5月27日;最早的国家银行是1905年创办的"户部银行",后称"大清银行";1911年辛亥革命后,大清银行改组为"中国银行",一直沿用至今。

值得注意的是,银行是经营货币的企业,它的存在方便了社会资金的筹措与融通,它是金融机构里面非常重要的一员。商业银行的职能是由它的性质所决定的,其主要有五个基本职能:

其一,信用中介职能。信用中介是商业银行最基本、最能反映其经营活动特征的职能。这一职能的实质,是通过银行的负债业务,把社会上的各种闲散货币集中到银行里来,再通过资产业务,把它们投向经济各部门;商业银行是作为货币资本的贷出者与借入者的中介人或代表,来实现资本的融通,并从吸收资金的成本与发放贷款利息收入、投资收益的差额中,获取利益收入,形成银行利润。商业银行通过信用中介的职能实现资本盈余和短缺之间的融通,并不改变货币资本的所有权,改变的只是货币资本的使用权。

其二，支付中介职能。银行除了作为信用中介，融通货币资本以外，还有着货币经营业的职能。通过存款在账户上的转移，代理客户支付，在存款的基础上，为客户兑付现款等，成为工商企业、团体和个人的货币保管者、出纳者和支付代理人。

其三，信用创造功能。商业银行在信用中介职能和支付中介职能的基础上，产生了信用创造职能。以通过自己的信贷活动创造和收缩活期存款，而活期存款是构成贷款供给量的主要部分。因此，商业银行就可以把自己的负债作为货币来流通，具有了信用创造功能。

其四，金融服务职能。随着经济的发展，工商企业的业务经营环境日益复杂化，许多原来属于企业自身的货币业务转交给银行代为办理，如发放工资、代理支付其他费用等。个人消费也由原来单纯的钱物交易，发展为转账结算。现代化的社会生活，从多方面给商业银行提出了金融服务的要求。

其五，调节经济职能。调节经济是指银行通过其信用中介活动，调剂社会各部门的资金，同时在央行货币政策和其他国家宏观政策的指引下，实现经济结构、消费比例投资、产业结构等方面的调整。此外，商业银行通过其在国际市场上的融资活动还可以调节本国的国际收支。

保险公司：无形保险有形保障

我们的生命总是免不了要受到各种伤害的威胁，所以，我们必须采用一种对付人身危险的方法，即对发生人身危险的人及其家庭在经济上给予一定的物质帮助，人寿保险就是以人的生命为保险标的，以生、死为保险事故的一种人身保险。

财产保险是指投保人根据合同约定，向保险人交付保险费，保险人按保险合同的约定对所承保的财产及其有关利益因自然灾害或意外事故造成的损失承担赔偿责任的保险。它包括财产保险、农业保险、责任保险、保证保险、信用保险等以财产或利益为保险标的的各种保险。

人身意外伤害保险，是以人的身体为标的，以意外伤害而致身故或残疾为给付条件的保险。它是指被保险人由于意外原因造成身体伤害或导致残疾、死亡时，保险人按照约定承担给付保险金责任的人身保险合同。保险人的给付，通常包括丧失工作能力给付，丧失手足或失明的给付，因伤致死给付，以及医疗费用给付。意外伤害保险必须要满足两点要求：一是伤害必须是人体的伤害；二是伤害必须是意外事故所致。

保险业是大家经常接触的，那对于保险业的相关知识，大家了解多少呢？

保险公司是指经营保险业的经济组织，包括直接保险公司

◇ 如何慎重选择保险公司 ◇

看公司实力

很显然,历史悠久、信誉度高、规模大、资金雄厚、业绩良好的保险公司对投保人来说是更值得信赖的。大型保险公司保费虽然较高,在理赔方面的业务却相对成熟,及时理赔,公司定损的网点也多。

看产品种类

一家好的保险公司提供的保险产品应具备这样几个条件:种类齐全;产品灵活性高,可为投保人提供更多的便利条件;产品竞争力强。

看偿付能力和服务水平

偿付能力。公司以往的赔付记录中有无拖欠、拖延赔付金,公司股东的实力越强,经营状况越好,则偿付能力越强。当然服务水平越高,介绍得越具体,可信度也越高。

和再保险公司。保险关系中的保险人,享有收取保险费、建立保险费基金的权利。同时,当保险事故发生时,有义务赔偿被保险人的经济损失。在解读保险公司之前,先明确一下保险公司的定义。什么是保险公司呢?就是销售保险合约、提供风险保障的公司。保险公司分为两大类型——人寿保险公司、财产保险公司。平时人们最常接触的三种保险是人寿保险、财产保险、意外伤害保险。

保险公司属于资金融通的渠道,所以也是金融的一种。它是以契约的形式确立双方的经济关系。从本质上讲,保险体现的是一种经济关系,这主要表现为保险人和被保险人的商品交换关系以及两者之间的收入再分配关系。从经济角度来看,保险是一种损失分摊方法,以多数单位和个人缴纳保费建立保险基金,使少数成员的损失由全体被保险人分担。

保险是最古老的风险管理方法之一。保险合约中,被保险人支付一个固定金额(保费)给保险人,前者获得保证;在指定时期内,后者对特定事件或事件所造成的任何损失给予一定补偿。

大家日常所接触的保险公司就是经营保险业务的经济组织。具体说来,它是指经中国保险监督管理机构批准设立,并依法登记注册的商业保险公司。保险公司是采用公司组织形式的保险人,经营保险业务。

"我想问一下,保险公司收取投保人那些保金,可每当发生事故时,保险公司要赔给投保人十几倍甚至几十倍的赔金。据我所知,每个企业都是以营利为目的的,那么我想问一下保险公司这样怎能赚钱呀?它是怎么运营的?"

很多人都存在这样的疑问,那保险公司究竟是怎样实现盈利的呢?

其实保险还是以投资为主的,每年收的保费相对于保险公司投资收益来说是很小的一部分。保险公司有九大投资渠道,"国十条"出来后,投资渠道更多,保险公司的收益更大,所以买分红保险的客户分得的利益会更多。

具体说来,保险公司的盈利就是通过"三差益"来实现的,即死差益——指实际死亡人数比预定死亡人数少时产生的利益;费差益——指实际所用的营业费用比依预定营业费用率所计算之营业费用少时所产生的利益;利差益——指保险资金投资运用收益率高于有效保险合同的平均预定利率而产生的利益。

分别举例来说明吧。先说第一种死差。比如现在是100个得癌症的要死90个,于是保险公司就按照这样的概率来定保费。客户在交了钱后,如果患癌症死亡就可以获得赔偿。假设保险公司就是按照收多少赔多少的方式收取的保费,那么按理说这100个人死到90个的时候,保险公司收的钱就该都花出去了才对。但是,偏偏在这个时候,癌症已经不是绝症了,本来应该死90个,但实际只死了20个,那么之前收的那笔钱就有了相对的结余,这就是"死差益"了。当然这个也可能是负的,比如死了99个,那保险公司就变成了"死差损"了。这种情况在一年内出现变化不明显，但是放在20年或者更长的时间中，就可能有可以确定的利润了，因为医疗水平只会越来越高，很多疾病都是会被慢慢攻克。相同的疾病随着时间的推移存活比例只会是越来越高。

第二种就是"费差"。本来预计为了维持这部分保费的运作，保险公司需要向每个客户收取一定的费用，但是在收取后，管理水平提高了，保险公司不需要那么多人、那么多钱来管理就可以达到更好的管理效果，那么就可能出现费用方面的结余。

第三种是"利差"。保险公司承诺在交钱的20年后将返还你双倍的钱，但当到了20年后，保险公司用你的钱赚了400%的收益，那么除了给你2倍之外，剩下的就成了保险公司的收益了。

这样解说是为了让论述更浅显易懂，让大家读起来也容易明白。其实，在实际操作中，会通过会计年度的结算方法，一般每年都会在账面上体现一定的盈利或者亏损，并不是等到钱都还给客户后统一结算，相信有点现代财务知识的人都应该懂。

至于有人说保险公司是骗钱，这个理论不具有说服力，这笔钱在个人手中更大的可能性就是明明准备养老的，但是被子女拿去花了；明明准备看病的，可能一次不明智的投资就亏出去了。其实只要你没有存进去就不取出来的决心，所谓的养老钱、看病钱，根本不可能到了你需要的时候你才取出来用，所以先有保险规划是十分必要的。至于纯概率收益，那可能是指财产类吧，例如车险，比如去年车祸损失有50亿（这个只是随意打个比方，数据没有有效性），那么今年保险公司就可能需要收 80 亿的保费了，免得发生更多就赔不起。这样的收费看起来可能就只有盈利，但这种利润保险存在，其实很多行业都存在，例如石油、电信、移动等。

投资银行："为他人作嫁衣裳"

2008 年是华尔街的多事之秋。2008 年 9 月 15 日～21 日是华尔街历史上最黑暗的一周。雷曼兄弟申请破产保护、美林被美洲银行收购、摩根士丹利与高盛宣布转为银行控股公司。再加上 2008 年 3 月被摩根大通收购的贝尔斯登，曾经风光无限的华尔街五大投行集体消失。对于熟悉美国金融体系的专业人士来说，如此巨变可谓"天翻地覆"！那么，投资银行在整个金融生态链中处于什么地位？投资银行业的前景又如何呢？

投资银行家是这样一群人：他们的鞋是白色的，"血"是蓝色的，戒指是祖母绿的，皮鞋是意大利定制的；他们每周去圣公会教堂做礼拜，坐在第一排；除了手工制作的深色西装和燕尾服，从不穿别的衣服……他们是金融领域内的贵族，就如同投资银行在金融界的地位一样。

投资银行是主要从事证券发行、承销、交易、企业重组、兼并与收购、投资分析、风险投资、项目融资等业务的非银行金融机构，是资本市场上的主要金融中介。在中国，投资银行的主要代表有中国国际金融有限公司、中信证券、投资银行在线等。

　　投资银行其实是一个美国词汇，在其他的国家和地区，投资银行有着不同的称谓：在英国被称为"商人银行"，在其他国家和地区则被称为"证券公司"。需要指出的是，虽然都被称为"银行"，商业银行与投资银行其实是两种不同的金融机构。在传统的金融学教科书里，"银行"是经营间接融资业务的，通过储户存款与企业贷款之间的利息差赚取利润；而投资银行却是经营直接融资业务的，一般来说，它既不接受存款也不发放贷款，而是为企业提供发行股票、债券或重组、清算业务，从中抽取佣金。

　　现代意义上的投资银行产生于欧美，主要是由18～19世纪众多销售政府债券和贴现企业票据的金融机构演变而来的。伴随着贸易范围和金额的扩大，客观上要求融资信用，于是一些信誉卓越的大商人便利用其积累的大量财富成为商人银行家，专门从事融资和票据承兑贴现业务，这是投资银行产生的根本原因。证券业与证券交易的飞速发展是投资银行业迅速发展的催化剂，为其提供了广阔的发展天地。投资银行则作为证券承销商和证券经纪人逐步奠定了其在证券市场中的核心地位。

　　资本主义经济的飞速发展给交通、能源等基础设施造成了巨大的压力，为了缓解这一矛盾，19世纪欧美掀起了基础设施建设的高潮，这一过程中巨大的资金需求使得投资银行在筹资和融资过程中得到了迅猛的发展。而股份制的出现和发展，不仅带来了西方经济体制中一场深刻的革命，也使投资银行作为企业和社会公众之间资金中介的作用得以确立。

让很多投资人感到好奇的是，投资银行是怎样来的呢？在美国，投资银行往往有两个来源：一是由商业银行分解而来，其中典型的例子就是摩根士丹利；二是由证券经纪人发展而来，典型的例子如美林证券。

追溯起来，美国投资银行与商业银行的分离最早发生在1929年的大股灾之后，当时联邦政府认为投资银行业务有较高的风险，禁止商业银行利用储户的资金参加投行业务，结果一大批综合性银行被迫分解为商业银行和投资银行，其中最典型的例子就是摩根银行分解为从事投资银行业务的摩根斯坦利以及从事商业银行业务的J.P.摩根。不过这种情况并没有发生在欧洲，欧洲各国政府一直没有这样的限制，投资银行业务一般都是由商业银行来完成的，如德意志银行、荷兰银行、瑞士银行、瑞士信贷银行，等等。有趣的是，这样做在欧洲不但没有引起金融危机，反而在一定程度上加强了融资效率，降低了金融系统的风险。

近20年来，在国际经济全球化和市场竞争日益激烈的趋势下，投资银行业完全跳开了传统证券承销和证券经纪狭窄的业务框架，跻身于金融业务的国际化、多样化、专业化和集中化之中，努力开拓各种市场空间。这些变化不断改变着投资银行和投资银行业，对世界经济和金融体系产生了深远的影响，并已形成

◇ 投资银行与商业银行的不同 ◇

投资银行与传统商业银行尽管在名称上都冠有"银行"字样，但实质上投资银行与传统商业银行之间存在着明显的差异：

1. 本源业务不同：投资银行的本源业务是证券承销；而传统商业银行的本源业务是存贷款。

2. 功能不同：投资银行是直接融资，并且侧重于长期融资；而传统商业银行是间接融资，侧重于短期融资。

3. 经营方针与原则不同：投资银行在控制风险的前提下更注重开拓；而传统商业银行追求收益性、安全性、流动性三者结合，坚持稳健的原则。

鲜明的发展趋势。

由于投资银行业的发展日新月异，对投资银行的界定也显得十分困难。投资银行是美国和欧洲大陆的称谓，英国称之为商人银行，在日本则指证券公司。国际上对投资银行的定义主要有四种：第一种：任何经营华尔街金融业务的金融机构都可以称为投资银行。第二种：只有经营一部分或全部资本市场业务的金融机构才是投资银行。第三种：把从事证券承销和企业并购的金融机构称为投资银行。第四种：仅把在一级市场上承销证券和二级市场交易证券的金融机构称为投资银行。

投资银行以其强大的盈利能力而为世人所瞩目。以最常见的股票发行业务为例，投资银行一般要抽取7%的佣金，也就是说，如果客户发行价值100亿美元的股票，投资银行就要吃掉7亿美元。

在公司并购业务中，投资银行同样大赚特赚。19世纪80年代以来，美国至少经历了四次公司并购浪潮，这就为投资银行提供了相当可观的收入来源。近年来欧美动辄发生价值几百亿甚至几千亿美元的超级兼并案，如美国在线兼并时代华纳、沃达丰兼并曼内斯曼、惠普兼并康柏等，背后都有投资银行的推波助澜。因为兼并业务的技术含量很高，利润又很丰厚，一般被认为是投资银行的核心业务，从事这一业务的银行家是整个金融领域最炙手可热的人物。

证券交易所：让证券持续不断地流通

对于证券交易所大家都不陌生，但是说起证券交易所的业务、种类、功能，你又能说出来多少呢？

证券公司是从事证券经营业务的有限责任公司或者股份有限公司。它是非银行金融机构的一种，是从事证券经营业务的法定组织形式，是专门从事有价证券买卖的法人企业。

证券公司可分为证券经营公司和证券登记公司两大类。具体从证券经营公司的功能分，又可分为证券经纪商、证券自营商和证券承销商。证券经纪商，即证券经纪公司，是代理买卖证券的证券机构，接受投资人委托、代为买卖证券，并收取一定手续费，即佣金，如江海证券经纪公司。证券自营商，即综合性证券公司，除了证券经纪公司的权限外，还可以自行买卖证券的证券机构，它们资金雄厚，可直接进入交易所为自己买卖股票。如国泰君安证券。证券承销商，以包销或代销形式帮助发行人发售证券的机构。实际上，许多证券公司是兼营这三种业务的。按照各国现行的做法，证券交易所的会员公司均可在交易市场进行自营买卖，但专门以自营买卖为主的证券公司为数极少。

证券公司的业务有：一是证券承销业务。证券承销是证券公司代理证券发行人发行证券的行为。证券承销的方式分代销和包销两种。证券代销是指证券公司代发行人发售证券，在承销期结束时，将未售出的证券全部退还给发行人的承销方式。证券包销

◇ 证券交易所的功能 ◇

为证券交易提供场所，并制定交易规则，维护交易秩序。

公告价格，为证券交易者提供交易信息。

集中各类社会资金参与投资，同时引导投资的合理流向。

是指证券公司将发行人的证券按照协议全部购入或者在承销期结束时，将售后剩余证券全部自行购入的承销方式。二是证券经纪业务。证券经纪是证券公司接受投资者的委托，代理其买卖证券的行为。

公司制证券交易所是以营利为目的，提供交易场所和服务人员，以便证券商进行交易与交割的证券交易所。从股票交易实践中可以看出，这种证券交易需要收取发行公司的上市费与证券成交的佣金，其主要收入来自买卖成交额的一定比例。而且，经营这种交易所的人员不能参与证券买卖，从而在一定程度上可以保证交易的公平。

证券交易所的竞争非常激烈，事实上它的合并与整合在20世纪始终没有停止过。证券市场发展历史悠久的国家大都有许多家证券交易所：英国成立了20多家证券交易所、美国超过100家、意大利10多家、法国7家、澳大利亚6家，后来有些交易所在竞争中退出或被合并。证券交易所合并的原因很多，有的是由于新技术的应用，打破了证券交易的地域限制，使证券交易所过剩而合并；有的是由于证券交易所在同行业的激烈竞争处于劣势而被兼并；有的是因为股市泡沫破灭，交易所业务规模缩减而合并。例如，19世纪末20世纪初电报技术的广泛应用，打破了交易所的地域限制，使美国证券交易所大量过剩而被合并；日本交易所一度因为战争而被迫关闭；香港20世纪70年代为了加强监管、防范金融风险，将原有4家证券交易所合并为1家。在20

世纪 70 年代前各国的证券交易所都减少到一个相对合理的水平。

值得一提的是，证券交易所往往存在这样或那样的问题、弊端，也会给金融秩序带来负面影响。

比如扰乱金融价格。由于证券交易所中很大一部分交易仅是转卖和买回，因此，在证券交易所中，证券买卖周转量很大，但是，实际交割并不大。而且，由于这类交易其实并非代表真实金融资产的买卖，其供求形式在很大程度上不能反映实际情况，有可能在一定程度上扰乱金融价格，从事不正当交易。从事不正当交易主要包括从事相配交易、虚抛交易和搭伙交易，操纵价格。一旦目的达成后，搭伙者立即解散。

还有内幕人士操纵股市的情况发生。由于各公司的管理大权均掌握在大股东手中，所以这些人有可能通过散布公司的盈利、发放红利及扩展计划、收购、合并等消息操纵公司股票的价格或者直接利用内幕消息牟利，如在公司宣布有利于公司股票价格上升的消息之前先暗中买入，等宣布时高价抛出；若公司将宣布不利消息，则在宣布之前暗中抛出，宣布之后再以低价买入。

以上情况都是客观存在的，但是随着股市发展，市场规范逐步完善，相信这种情况也会越来越少。

第八章

调节宏观经济"看不见的手"
——每天学点金融调控与政策知识

宏观调控：看得见的物价，看不见的手

英国经济学家凯恩斯在其著名的《就业、信息和货币通论》一书中记述了这样一则寓言：

乌托邦国处于一片混乱之中，整个社会的经济处于完全瘫痪的境地，工厂倒闭，工人失业，人们无家可归，饿殍遍野，束手无策。这个时候，政府采用了一个经济学家的建议，雇用200人挖了一个很大的大坑。这200人开始购买200把铁锹，于是，生产铁锹的企业、生产钢铁的企业、生产锹把的企业相继开工了，接下来工人开始上班、吃饭、穿衣……于是，交通部门、食品企业、服装企业也相继开工了，大坑终于挖好了；然后，政府又雇用200人把这个大坑再填埋上，这样又需要200把铁锹……萧条的市场就这样一点点复苏了，启动起来了。经济恢复之后，政府通过税收，偿还了挖坑时发行的债券，一切又恢复如常了，人们在灿烂的阳光下过着幸福的生活……

这则寓言说明了一个深刻的道理：国家的经济陷入危机的时候，国家要担起自己的责任，应该采用宏观调控的办法干预经济生活，使经济走上正常的轨道。

在亚当·斯密那只"看不见的手"的指引下，英国的经济首先呈现出高速的发展，然后美国、欧洲的经济都获得了空前的发展。但是到了1929年，形势急转直下，世界范围内爆发了一场空前的经济危机。这个时候人们才发现，斯密的那只"看不见的手"失灵了，这就是人们常说的"市场失灵"。与此同时，在经济生活中，人们意外地发现了另外一只手，发现有一只让人们"看得见的手"在挥舞，它开始频繁地进入人们的经济生活，这只"看得见的手"指什么呢？其实这只"看得见的手"就是"国家对经济生活的干预"。对市场的失灵，政府并不是无所作为的，不能坐而视之，而应该通过适当干预，刺激市场、启动市场，解决社会存在的经济问题。就像寓言中那样，在整个社会经济不好的时候，国家积极地进入了角色，开始干预经济生活，稳定社会的经济。

这只"看得见的手"曾一度使整个资本主义经济从危机的泥沼中走出来，并使资本主义社会的经济在世界范围内蓬勃发展。

那么，国家是通过什么办法来调控整个社会的经济的呢？

国家主要是通过财政政策和货币政策在宏观上对经济进行调控的。财政政策主要依靠消费、投资、出口这三辆马车；货币有汇率的变动、利息率的变动、货币发行量的变动、发行国债等，都会对一国的经济走势起到宏观调控的作用。

也就是从凯恩斯那个时候开始，各国分析和预测经济问题的视角产生了彻底的改变。过去人们重视微观经济问题，也就是个人、家庭、企业对社会经济的影响；而现在人们更看重宏观经济的问题了。一个经济学家这样比喻：比如在剧场里看戏，当一两个人站起来的时候，这相当于微观经济，我们自己说了算；当全场的人都站起来的时候，这就是宏观经济了，这个时候每一个个人都无法左右全场的局面，他只能想办法去适应这个局面。

在亚当·斯密发现"看不见的手"之后，市场规律指导资本主义经济繁荣了150多年；凯恩斯倡导的宏观调控，又让资本主义经济蓬勃发展了近50年。然而，事实证明，宏观调控并不是万能的。

例如，20世纪80年代的日本，由于国际贸易顺差较大，在美国等的压力下于1985年签署了《广场协议》，此后，日元开始迅速升值，与美元的兑换比率从1985年9月的240∶1一直上升至1988年的120∶1，整整升值了一倍。由于担心出口下滑、经济减速，日本采取了扩张性政策，放松银根，利率从5%降到

2.5%、货币供应增幅是名义 GDP 增速的 2 倍，出现了流动性过剩，资金大量涌入股票和房地产市场，形成了市场泡沫。

1985～1990 年，日本的土地资产总值增长了 24 倍，达到 15 万亿美元，相当于同期 GDP 的 5 倍，比美国土地总值多 4 倍。同期日经指数从 12000 点上升到 39000 点，股票总价值增加了 47 倍，市盈率 1989 年达到 70.6 倍（但日本股票收益率仅 0.4%～0.7%，只有同期欧美企业的 1/6 左右）。1986～1989 年，日本国民资产总额增加了 2330 万亿日元，其中 60% 以上为地价、股价上涨所带来的增值收益。

等到经济泡沫破灭后，股价从 1989 年最高时的 39000 点下跌到 1992 年的 14000 点，2004 年达到最低的 7600 点，跌幅高达 80%；房价跌幅也高达 70%。股票和地价造成的资产损失相当于 GDP 的 90%，达 5 万亿～6 万亿美元。虽然此后政府采取了刺激经济的措施，不断降低利率，但又陷入"流动性陷阱"，零利率政策不起作用；加之扩大内需政策缺乏连续性，致使经济陷入十多年的大萧条，出现了银行坏账、设备、人员三大过剩，日本经济长期处于滞涨状态。

同样，在当前世界金融危机的威胁下，虽然各国的经济刺激方案纷纷出台，但并没有取得预期的效果，宏观调控显得越来越力不从心。

这是因为以信息技术为基础的全球化经济打破了传统工业社

◇ 市场失灵——有的问题市场解决不了 ◇

市场机制本身不能保证在所有场合都能实现资源有效配置的结果,政府在这些场合进行某种干预或调节就是必要的。

唉,丰收了,收入却少了!市场管不了了!

1. 公共产品缺失
2. 外部效应
3. 不完全竞争 — 垄断
4. 收入分配不公
5. 经济波动与失衡

市场失灵

在垄断、外部性、公共品、信息不对称等方面,市场机制本身存在失效的缺陷。

会中的主权经济、主权社会和主权政治的统一性,主权经济、主权社会和主权政治的重合缺失增加了主权国家宏观经济调控和社会管理的难度。

也就是说,全世界的经济依然是全球互相依赖的基础,但是各个国家依然是主权国家。进一步说,在国际经济中,关税、出口配额、汇率、统计口径、生产要素等是一个主权国家可以控制和管理的,但又不完全取决于一个国家的选择。在这样的情况下,主权国家的经济社会政策会造成出乎政策制定者们预料的结果,有时甚至会造成相反的效果。这犹如在传统的工业社会中,企业是市场的主体,不同企业之间进行竞争和博弈,采取各自的策略,有时会造成市场不公平竞争,最后不得不由政府出面进行宏观调控,保持经济的稳定增长和社会秩序。在经济全球化的大背景下,全球市场的失灵会造成不公平竞争和主权国家宏观调控政策的失灵。

财政调控:国家履行经济职能的基础

财政,也称国家财政、政府财政或公共财政,是指以国家为主体,通过政府税收、预算等收支活动,用于履行政府职能和满足社会公共需要的经济活动。

财政在整个国民经济运行中具有重要地位。因为全社会的最终需求有不同性质的两类:一类是食品、衣物等个人消费品以及企业生产经营所需要的生产资料，通称"私人物品或服务"；另一类是行政管理、国家安全、环保等"公共物品或服务"。由于私人物品或服务的获得具有排他性和竞争性，其交易活动要求双方利益边界清楚，并通过市场实现；而公共物品或服务的需要和消费是公共的和集合的，市场对这些物品的提供是失效的，只能由政府通过财政的物质支撑加以满足。

市场经济条件下，财政发挥着市场不可替代的关键作用。其主要作用：一是为国家履行其职能提供经济基础，并为国家通过直接配置公共资源来间接引导全社会资源的市场配置创造前提条件。二是财政政策与货币政策、收入政策、产业政策一起构成国家宏观调控的重要政策手段。三是财政具有再分配功能，是国家调节收入分配的重要工具。

财政调控的手段主要有国家预算、税收、财政支出和国债等。

国家预算。国家预算是国家为实现其职能需要，有计划地筹集资金，使用由国家集中掌握的财政资金的重要政策工具，是国家的基本财政收支计划。国家预算包括中央预算和政府预算。中央预算是我国财政政策的主要工具，它对经济总量、经济结构和各经济层面都发挥着调节作用。其调节功能主要在年度财政收支规模、收支差额和收支结构中预先制定，并通过预算执行中的收支追加追减，以及收支结构变化等实现。

税收。税收是国家为实现其职能需要，凭借其政治权力，按

◇ 财政调控的目标 ◇

财政调控是国家自觉依据客观经济规律,运用财政政策手段调节经济运行,实现社会总供求平衡,保持经济稳定增长的有效方式。

1. 实现社会总供给和总需求的总量平衡和结构平衡,促进资源的优化配置和经济结构的合理化,保持经济的适度增长和物价的基本稳定,促进充分就业等。

2. 协调各方面的分配关系,促进收入的公平分配,防止和纠正平均主义和收入差距过分悬殊两种分配不公的现象。

3. 在稳定经济的基础上促进政治稳定和社会稳定。

照预定标准，无偿地取得的一种强制性的财政收入，也是国家进行宏观调控的工具之一。其调节作用的实现形式主要是确定税率、分配税负以及税收优惠和惩罚。

税收对经济的调节作用主要有：一是影响社会总供求。这种影响因税种不同而不同。流转税的征税效应侧重于总供给，提高流转税率可以限制供给；反之会增加供给。所得税的征税效应侧重于总需求。政府可以根据税收的自动稳定器作用，制定相机抉择的增减税措施，减缓经济波动。二是通过调整税率影响产业结构，限制或促进某些产业发展。三是通过征收累进所得税和社会保险税等有效调节收入分配，维护社会稳定，实现社会公平。

财政支出。财政支出是政府为履行其职能，将由其集中掌握的社会资源（或资金）按照一定的政治经济原则，分配、运用于满足社会公共需要的过程和耗费资金的总和，是宏观经济调控工具之一。

国债。国债是中央政府通过中央财政，按照信用原则，以债务人的身份在国内外发行债券或向外国政府和银行借款所形成的债务。债券或借款要还本付息。国债以国家信誉为担保，比其他信用形式可靠和稳定，因而又称其为"金边债券"。国债政策是国家根据宏观经济发展的要求，通过制定相关政策对国债发行、流通等过程实施有效管理，实现对宏观经济有效调控的目的。国债产生的主要动因是弥补财政赤字。但随着社会经济的不断发展、信用制度的日臻完善，国债政策已经成为一项较为成熟的财政政策工具，在平衡财政收支、调节经济运行和影响货币政策等方面发挥着日益重要的作用。

中央银行通过买卖国债的公开市场业务操作，吞吐基础货币，调节货币供应量，为货币政策服务，国债又成为连接财政和货币两大政策手段的桥梁。

财政的基本功能主要有以下几个方面：

一是资源配置功能。通过财政再分配，将国民总收入的一部分集中起来，形成财政收入；通过财政支出活动，引导社会资金流向，为社会公共需要提供资金保障。二是收入分配功能。通过税收、转移支付、补贴等财政手段调整社会成员间、地区间的收入分配格局，实现社会公平的目标。三是稳定经济功能。通过实施财政政策，对宏观经济运行进行调节，促使总供求基本平衡，调整优化经济结构，实现社会经济的可持续发展。

我国社会主义市场经济体制下的财政职能，除具有上述财政的一般基本功能外，还具有社会主义基本制度内在要求的特殊性，即监督管理功能。通过对宏观和微观经济运行、对国有资产保值增值等营运、对财政管理工作自身等方面的监督管理，保证国家政令统一，提高财政支出效率，维护国家和人民的根本利益。

我国财政调控的范围很广，既有总量调控，又有结构调整；既包括对财政收入的组织，又包括对财政支出的规范。随着改革的逐步深化，财政调控方式也日臻完善。计划经济体制的高度集中、统收统支的直接调控模式已经打破，直接调控、间接调控和法律规范相结合的调节格局基本形成，国民经济运行逐步走上规范化、法制化和市场化与必要的行政管理相结合的稳步发展轨道。

一方面，通过财政收支实现国家预算对供求总量的影响。财政收入一般反映财政参与国民收入分配过程的活动；财政支出是通过改变政府支出的规模和方向，实现财政的资源配置、收入分配和稳定经济功能，体现政府宏观调控的意图。预算对经济调节的具体形态主要有三种，即赤字预算、盈余预算和平衡预算，分别反映财政政策的扩张性、紧缩性和中性政策取向。为了实现财政平衡或节余，政府主要采取偏紧的政策选择，即增加收入或减少政府公共工程等支出。因此，盈余政策可以对总需求膨胀起到有效的抑制作用。平衡预算在总供求相适应时可以维持总需求的稳定增长。财政出现赤字时主要通过发行国债的方式弥补，但为应对经济紧缩趋势，政府主要通过扩大预算赤字、直接增加政府支出的方式，带动经济增长，实现供求平衡。因此，赤字预算政策在有效需求不足时作用明显。

另一方面，通过实施财政结构政策实现国家预算对经济结构调整的影响。在财政收支差额既定的情况下，调整财政收支结构（主要是财政支出结构），调节宏观经济的运行。一是通过降低（或提高）短线产品（长线或高利产品）的税率，引导社会资金投向"瓶颈"产业，缓解结构失衡；二是在供需结构失衡时，通过增加（或减少）财政投资，扩大（或抑制）社会有效供给（或需求），实现产业或产品结构调整的目的。

金融调控：当亚当·斯密遇见凯恩斯

几个世纪以来，围绕着政府与市场间的界限问题，很多经济学家和政治家、企业家都争议不断，甚至到了今天，自由派和保守派都还在为政府是否应在教育、医疗、扶贫等方面进行干预而进行讨论。实际上，政府逐渐侵占了市场的地盘，为什么呢？

"冬去春花次第开，莺飞燕舞各徘徊。疾风骤雨旦夕至，高唱低吟有去来。"这首古诗说的是自然界自有其生杀消长、生生不息的规律，市场经济也同样有其运作的规律。但同时，市场经济在运作中也会出现种种问题，比如资源配置不协调等矛盾，这就需要政府发挥宏观调控的作用。在宏观调控中，金融调控是必不可少的一环。

金融调控是指国家综合运用经济、法律和行政手段，调节金融市场，保证金融体系稳定运行，实现物价稳定和国际收支平衡。金融调控是宏观经济调控的重要组成部分。在现代经济生活中，金融调控职能主要由中央银行来履行。中央银行通过货币政策调控货币总量及其结构，通过保持货币供求总量和结构的平衡来促进社会总需求与总供给的均衡。1993～1999年我国执行的是适度从紧的货币政策，1999～2007年我国执行的是稳健的货币政策,从2008年起,我国开始执行从紧的货币政策。从紧货币政策是为防止经济增长过热和通货膨胀所采取的宏观调控政策,其内涵包括两方面:一是人民银行通过货币政策工具减少货币供应量,控制信贷规模过快增长;二是严格限制对高耗能、高污染和产能过剩行业中落后企业的贷款投放,加大对"三农"、中小企业、节能环保和自主创新等薄弱环节的支持。

在现代市场经济的发展中,市场是"看不见的手",而政府的引导被称为"看得见的手"。为了克服"市场失灵"和"政府失灵",人们普遍寄希望于"两只手"的配合运用,以实现在社会主义市场经济条件下的政府职能的转变。可见宏观调控在经济活动中的作用。

宏观调控亦称国家干预,就是国家运用计划、法规、政策等手段,对经济运行状态和经济关系进行干预和调整,把微观经济活动纳入国民经济宏观发展轨道,及时纠正经济运行中的偏离宏观目标的倾向,以保证国民经济的持续、快速、协调、健康发展。而在多种调控手段中,金融调控往往是最为关键的环节。

通常,中国的金融调控手段主要从以下五方面入手:一是央行将着力于正确处理内需和外需的关系,进一步扩大国内需求,适当降低经济增长对外需、投资的依赖,加强财政、货币、贸易、产业、投资的宏观政策的相互协调配合,扩大消费内需,降低储蓄率,增加进口,开放市场来推动经济结构调整,使国际收支趋于平衡。

二是改善货币政策传导机制和环境,增强货币政策的有效性,促进金融市场的发育和完善,催化金融企业和国有企业改革,进一步转换政府经营管理,完善间接调控机制,维护和促进金融体系稳健运行。

三是积极稳妥地推进利率市场化改革,建立健全由市场供求决定的、央行通过运用货币政策工具调控的利率形成机制,有效利用和顺应市场预期,增强货币政策的透明度和可信度。

四是加强货币政策与其他经济政策间的协调配合,加强货币政策与金融监管的协调配合,根据各自分工,着眼于金融市场体系建设的长期发展,努力促进金融业全面协调可持续发展,加强货币政策与产业政策的协调,以国民经济发展规划为指导,引导金融机构认真贯彻落实国家产业政策的要求,进一步优化信贷结构,改进金融服务。

五是进一步提高金融资金,主动、大力拓展债券市场,鼓励债券产品创新,推动机构投资者发展,加大对交易主体和中介组织的培育,加快债券市场基础制度的建设,进一步推进金融市场协调发展。

金融调控是宏观调控的重要组成部分,它与战略引导、财税调控一起构成宏观调控的主要手段,互相联系,互相配合,共同的目标是促进经济增长,增加就业,稳定物价,保持国际收支平衡。相对而言,金融调控侧重于国民经济的总量和近期目标,但是为宏观经济内在的规律所决定,其作用也必然影响到长远目标。

金融学家"看不见的大手"理论已经深入人心,只是,人们对它的理解还要更深一层。在市场经济的发展中,市场是"看不见的手",而政府的调控被称为"看得见的手"。"看不见的手"促进大多数国家的市场发展,"看得见的手"为市场搭建法律和管理框架,两者完美结合,才会让市场更完善,经济发展更迅速,缺了任何一个,都会像小儿麻痹患者一样,走路不稳,容易摔倒。因此,为了克服"市场失灵"和"政府失灵",人们希望"两只手"配合运用,实现在社会主义市场经济条件下政府职能的重要转变。

个人所得税:收入分配的调节器

从经济学角度来说,不管人均GDP是高是低,只要贫富差距扩大化,就会引发社会革命。我国改革开放以来,分配体制改革不断深化,市场机制在国民收入初次分配中日益发挥基础性调节作用。但随着经济的不断发展,呈现出扩大的趋势,我国居民的收入差距在不断拉大,各国通过基尼系数来衡量财富分配是否平均,而我国的基尼系数已经超过了国际警戒线。过大的收入分配差距会导致一些矛盾,与建设社会主义和谐社会很不协调。

个人所得税是调整征税机关与自然人(居民、非居民人)之间在个人所得税的征纳与管理过程中所发生的社会关系的法律规

◇ 个人所得税的征收内容 ◇

个人所得税征收的内容有很多项，最主要的有以下三项：

1.**个人工资、薪酬所得**：是指个人因任职或受雇而取得的工资、薪金、奖金、年终加薪、劳动分红、津贴、补贴以及与任职或受雇有关的其他所得。

2.**个体工商户的生产、经营所得**：经工商行政管理部门批准开业并领取营业执照的城乡个体工商户生产、经营所得。

3.**对企事业单位的承包经营、承租经营所得**：是指个人承包经营、承租经营以及转包、转租所得，包括个人按月或者按次取得的工资等。

范的总称。自1798年在英国创立至今，已有200多年历史。很多国家都把它作为调节收入差距的重要税种。我国法律规定：凡在中国境内有住所，或者无住所而在中国境内居住满一年的个人，从中国境内和境外取得所得的，以及在中国境内无住所又不居住或者无住所而在境内居住不满一年的个人，从中国境内取得所得的，均为个人所得税的纳税人。

新税改以前，我国个人所得税存在较多问题。我国的个人所得税制度采用分类课征的方式，这种税制不利于调节高收入，缓解个人收入差距悬殊矛盾。在公平性上存在缺陷，容易造成不同项目、不同纳税人之间的税负不公平。两种超额累进税率的实行，税率级别划分过多，税率计算烦琐，程序复杂，而且在一定程度上造成了税负不公，与国际上减少税率档次的趋势不吻合，不利于征收与管理。全国使用统一的费用扣除标准，不能有效调节收入差距。我国不同地区的人均收入水平有一定差距，居民收入差距导致消费支出水平的不同。基于财税一般原理，税收起征点的定位在很大程度上体现着该种税收的功能指向，而"个税"起征点设计未能体现其基本功能。中国是一个发展中的大国，生产力发展水平、社会保障条件与发达国家相比存在很大差距，在收入分配差距不断拉大的背景下，"个税"功能指向理当定位于"富人税"。而且，税收征管不到位。缺乏记录个人取得收入的制度、纳税人编码制度、财富实名制等相关配套制度；税源控制不力，代扣代缴不到位。企业对不固定发放的其他形式的奖金、实物等不扣缴税款，导致代扣代缴难以全面落实到位；基础性配套制度不健全，影响了税收检查工作的开展；对违反税法的行为惩罚力度不够。

2011年6月30日，十一届全国人大常委会通过了修改个人所得税法的决定，将个税起征点提高到3500元，将超额累进税率中第1级由5%降低到3%。修改后的个税法于2011年9月1日起施行。

税收作为国民收入再分配的重要手段，在调节社会成员收入差距方面有一定作用。开征个人收入所得税，实行累进税率（包括其他财产税、遗产税等），目的就是调节并缩小贫富差距，缓和阶级矛盾，维持社会的长治久安。

1. 加大了高收入者的征收力度

个人所得税是我国目前所得税种中最能体现调节收入分配差距的税种。在降低低收入者税收负担的同时，争取最大限度地发挥利用个人所得税调整收入差距扩大的作用，加大对高收入者的调节力度。在征管方面研究新措施、引进新手段，是个人所得税征管的关键。

本次修订的个人所得税法，提出了对富人进行重点征管的内容。《中华人民共和国个人所得税法实施条例》中提出了加强对高收入者的税收征管，将以前的单项申报改为双项申报，即将原来由纳税人所在单位代为扣缴个人所得税，改为高收入者的工作单位和其本人都要向税务机关进行申报，否则视为违法。该条例规定，扣缴义务人都必须办理全员全额扣缴申报，这就形成了对高收入者双重申报、交叉稽核的监管制度，有利于强化对高收入者的税收征管，堵塞税收征管漏洞。《实施条例》中，高收入者也有了明确的定义："年收入超过12万元以上的个人。"

2. 缩小收入差距，降低基尼系数

我国区域经济发展水平不平衡，各地居民收入、生活水平存在一定差距，全国统一工薪所得费用扣除标准，有利于促进地区间的公平。如果对高收入地区实行高费用扣除标准，低收入地区实行低费用扣除标准，反而将加剧地区间的不平衡，这将与个税本来的调节意义背道而驰。目前，各地实行统一的纳税标准，对收入较低的西部地区将带来很大益处，西部相当部分中低收入阶层将不必缴纳个人所得税，该地区纳税人的税收负担将会减轻，有利于鼓励消费，促进落后地区经济的发展。

个人所得税在所有税种里最能调节收入分配差距，对收入进行二次平衡。富人和穷人是财富分配链中的两端，要缩小贫富差距，就是要从富人那里分割一定的财富，用来补贴穷人。而在我国十多年来个人收入分配差距不断加大，基尼系数达到0.45。按照国际惯例，基尼系数达到或者超过0.4，说明贫富差距过大。贫富差距凸显与个人所得税制度失效是因果相生的。统计数字显示，工薪阶层是目前中国个人所得税的主要纳税群体。2004年个

人所得税收入中65%来源于工薪阶层,违背了大家公认的"二八定律"。而中国的富人约占总人口的20%。占收入或消费总额的50%,但是,这20%的富人,对个人所得税的贡献,竟然只有10%。这充分说明,个税不但没有实现从富人到穷人的"调节",相反,这种财富的二次分配还处于一种"倒流"状态中。长期"倒流"下,只能是富人越富、穷人越穷,社会贫富差距仍将继续加大。有人称,中国富人的税收负担在世界上是最轻的。只有通过政府的税收强制手段才是完成"调节"的最有效方式。

中国公众缩小贫富差距、实现"共同富裕"的期待,很大程度上寄托在个税制度的归位中。税收制度对广大中等收入群体有重要的导向作用,作用原理是"限高,促中,提低"。加大对高收入者的征收力度,对降低基尼系数有明显的作用。

利率政策:"四两拨千斤"的政策

利率政策作为货币政策的重要组成部分,也是货币政策实施的主要手段之一。央行根据货币政策实施的需要,适时地运用利率工具,对利率水平和利率结构进行调整,进而影响社会资金的供求状况,实现货币政策的既定目标。利率上调有助于吸收存款,抑制流动性,抑制投资热度,控制通货膨胀,稳定物价水平;利率下调有助于刺激贷款需求,刺激投资,拉动经济增长。利率这个经济杠杆使用起来要考虑它的利弊,在什么时间、用什么幅度调整都是有讲究的。

以日本10年漫长的经济衰退时期的零利率政策为例：

20世纪90年代初，泡沫经济崩溃后，大量借款不能偿还，给银行机构造成大量不良资产，日本经济陷入长期萧条。中小企业因资金周转不开大量倒闭，殃及中小银行金融机构跟着破产，为了刺激经济，日本政府扩大公共事业投资，年年增发国债，导致中央政府和地方政府负债累累，财政濒临崩溃的边缘，国家几乎无法运用财政杠杆调节经济。为了防止情况进一步恶化，刺激经济需求，日本银行于1999年2月开始实施零利率政策。2000年8月，日本经济出现了短暂的复苏，日本银行一度解除了零利率政策。2001年，日本经济又重新跌入低谷。2001年3月，日本银行开始将金融调节的主要目标从调节短期利率转向"融资量目标"，同时再次恢复实际上的零利率政策。2006年7月14日，日本央行解除实施了5年零4个月的零利率政策，将短期利率从零调高至0.25%。零利率的解除，也标志着日本经济开始复苏。

在经济跌入低谷时，低利率政策的实施减轻了企业的债务负担，为市场提供了充足的资金，但其负面影响也是不容忽视的。例如，由于市场利率的下降引起存款利率的下降，使储蓄者蒙受一定损失，直接影响到个人消费的提高；另外，由于短期资金唾手可得，助长了某些金融机构的惰性。在低利率政策下，金融机构不用说实行证券化、开发衍生金融产品，就是连传统的存贷业务利润空间都很小，特别是保险行业经营已出现困难。因此，过低的利率使金融机构丧失了扩展业务与进取开拓的内在动力。更为严重的是，低利率甚至零利率政策意味着日本利用金融手段刺激经济的余地也越来越小。

不同国家的利率标准也不尽相同。中国央行负责人曾用"橘子是不能跟苹果相比"的形象比喻来说明各个国家利率手段的内涵和定价机制不同。受金融危机的影响，2009年西方很多国家和过去10年中的日本一样，开始实行零利率政策。西方各国对于中国实行零利率政策的呼声很高。这是为什么呢？

因为利率对本国汇率和对他国汇率都有重要的影响。利率是货币供求关系的产物，增加货币投放量，市场上货币增多，供大于求，导致利率下降；反之减少货币投放量，市场上流通的货币减少，供不应求，利率提高。以中国和美国为例，如果中国增加货币投放量，利率降低，而假设美国利率不变，在外汇市场上导致人民币对美元贬值；反之，如果美国降息，而中国利率不变，将导致美元对人民币贬值。因此，一国的利率政策不仅会影响到本国人民的利益和经济发展，还会通过汇率作用于他国的经济。

自2007年年初以来，中国人民银行先后五次上调人民币存贷款基准利率。其中，一年期存款基准利率累计上调1.35个百分点，一年期贷款基准利率累计上调1.17个百分点。2007年年底，央行发表报告认为，利率政策的累积效应逐步显现：一是融资成本适度上升，有利于合理调控货币信贷投放，抑制过度投资；二是连续多次加息，有利于引导居民资金流向，稳定社会通胀预期。在物价水平走高的情况下，中央银行提高存款收益水平并努力使实际利率为正，有利于保护存款人的利益。居民储蓄问卷调查显示，居民储蓄意愿下降速度已明显放缓，在当前的物价和利率水平下，认为"更多储蓄"最合算的居民占比，第一、二、三季度降幅分别为5.6、4和0.9个百分点，幅度明显减小。第三季度，储蓄存款余额下降趋势在一定程度上得以缓解。在五次上调人民币存贷款基准利率的过程中，中国人民银行适度缩小金融机构存贷款利差，一年期存贷款基准利率利差在各次利率调整后分别为3.60%、3.51%、3.51%、3.42%、3.42%，利差从年初的3.60%逐步缩小为3.42%，累计缩小0.18个百分点。

央行表示，利率政策的累积效应逐步显现。

近年来，中国人民银行加强了对利率工具的运用。央行采用的利率工具主要有：一是调整中央银行基准利率，包括：再贷款利率，指中国人民银行向金融机构发放再贷款所采用的利率；再贴现利率，指金融机构将所持有的已贴现票据向中国人民银行办理再贴现所采用的利率；存款准备金利率，指中国人民银行对金融机构交存的法定存款准备金支付的利率；超额存款准备金利率，指中央银行对金融机构交存的准备金中超过法定存款准备金水平的部分支付的利率。二是调整金融机构法定存贷款利率。三是制定金融机构存贷款利率的浮动范围。四是制定相关政策对各

◇ 利率的杠杆作用 ◇

利率政策是货币政策的重要组成部分，也是货币政策实施的主要手段之一。央行根据货币政策实施的需要，适时地运用利率工具，对利率水平和利率结构进行调整，进而影响社会资金供求状况，实现货币政策的既定目标。

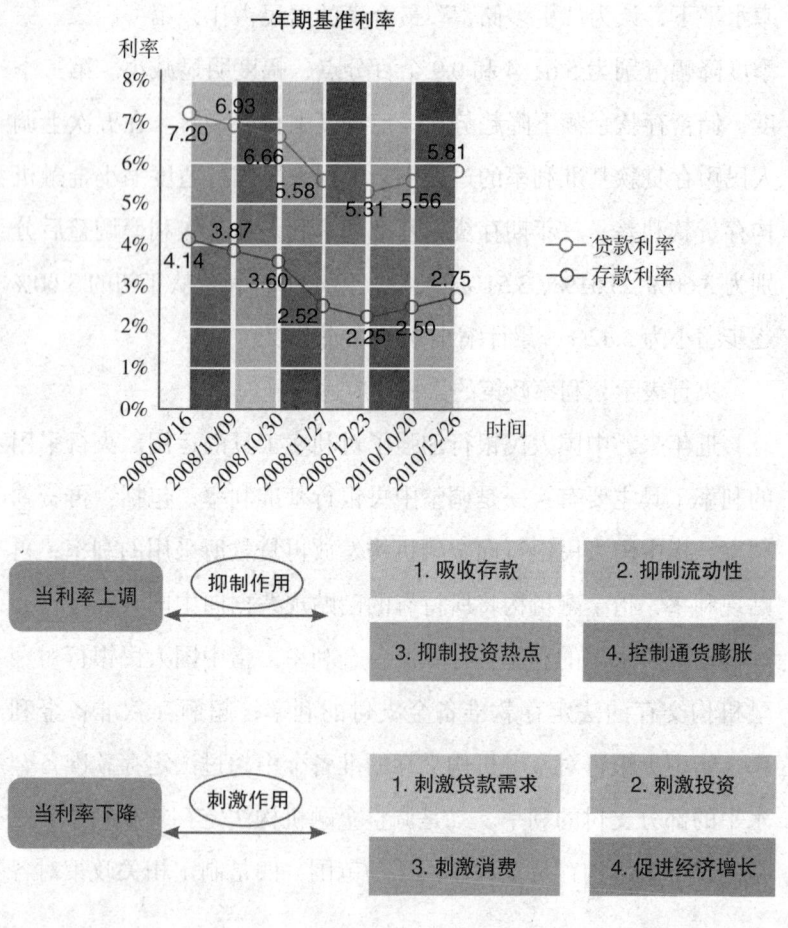

类利率结构和档次进行调整等。

从目前来看，我国利率调整逐年频繁，利率调控方式更为灵活，调控机制日趋完善。随着利率市场化改革的逐步推进，作为货币政策主要手段之一的利率政策将逐步从对利率的直接调控向间接调控转化。利率作为重要的经济杠杆，在国家宏观调控体系中将发挥更加重要的作用。改革开放以来，中国人民银行加强了对利率手段的运用，通过调整利率水平与结构，改革利率管理体制，使利率逐渐成为一个重要杠杆。1993年5月和7月，中国人民银行针对当时经济过热、市场物价上涨幅度持续攀高，两次提高了存、贷款利率，1995年1月和7月又两次提高了贷款利率，这些调整有效控制了通货膨胀和固定资产投资规模。1996年5月和8月、1997年10月和1998年3月，针对我国宏观经济调控已取得显著成效，市场物价明显回落的情况，央行又适时四次下调存、贷款利率，在保护存款人利益的基础上，对减轻企业，特别是国有大中型企业的利息负担，促进国民经济的平稳发展产生了积极的影响。

货币政策：扩张好还是紧缩好

货币政策是指政府或中央银行为影响经济活动所采取的措施，尤指控制货币供给以及调控利率的各项措施，用以达到特定或维持政策目标——比如，抑制通胀、实现完全就业或经济增长，直接地或间接地通过公开市场操作和设置银行最低准备金

（最低储备金）。

货币政策通过政府对国家的货币、信贷及银行体制的管理来实施。一国政府拥有多种政策工具可用来实现其宏观经济目标。货币政策工具是指中央银行为调控货币政策中介目标而采取的政策手段。根据央行定义，货币政策工具库主要包括公开市场业务、存款准备金、再贷款或贴现以及利率政策和汇率政策等。从学术角度而言，它大体可以分为价格工具和数量工具。价格工具集中体现在利率或汇率水平的调整上。数量工具则更加丰富，如公开市场业务的央行票据、准备金率调整等，它聚焦于货币供应量的调整。

货币政策工具主要包括：一是由政府支出和税收所组成的财政政策。财政政策的主要用途是通过影响国民储蓄以及对工作和储蓄的激励，从而影响长期经济增长。二是货币政策由中央银行执行，它影响货币供给。通过中央银行调节货币供应量，影响利息率及经济中的信贷供应程度来间接影响总需求，以达到总需求与总供给趋于理想的均衡的一系列措施。

货币政策可以分为扩张性和紧缩性两种：

扩张性的货币政策是通过提高货币供应增长速度来刺激总需求，在这种政策下，取得信贷更为容易，利息率会降低。因此，当总需求与经济的生产能力相比很低时，使用扩张性的货币政策最合适。

紧缩性的货币政策是通过削减货币供应的增长率来降低总需求水平，在这种政策下，取得信贷较为困难，利息率也随之提高。因此，在通货膨胀较严重时，采用紧缩性的货币政策较合适。

2011年3月18日早上,日本央行行长白川方明在七国集团同意联手干预日元后表示,日本仍将保持超宽松的货币政策。"日本央行将会推行强有力的宽松货币政策,并继续提供充足的流动性,以保持市场稳定。"日本央行当天的声明表示。3月18日早上,七国集团财长决定联手干预日元汇率,随后日本央行又向金融系统注资3万亿日元(合370亿美元)。此前产经新闻报道,日本政府可能发行超过10万亿日元(约合1268亿美元)的紧急债券,而日本央行会全部买下这些债券。

　　地震、海啸和核危机给日本经济造成的损失超过20万亿日元。他还表示,重建需要的预算肯定会超过1995年阪神大地震后3.3万亿日元的重建费用。日本央行继续向金融系统注入资金,数量超过银行能够消化的数额,以保持较低市场利率。而回顾过去,2001年至2006年,在通货紧缩的长期困扰下,日本中央银行曾将政策利率降至零并定量购买中长期国债的政策就是一种典型方式。这些政策的最终意图是通过扩大中央银行自身的资产负债表,进一步增加货币供给,降低中长期市场利率,避免通货紧缩预期加剧,以促进信贷市场恢复,防止经济持续恶化。

　　量化宽松有利于抑制通货紧缩预期的恶化,但对降低市场利率及促进信贷市场恢复的作用并不明显,并且或将给后期全球经济发展带来一定风险。中国国际经济研究会副会长认为:"毫无疑问,主要央行量化宽松货币政策的开启,将带来全球通胀的风险。"实施量化宽松的货币政策,将形成日元走软、商品价格上涨的局面。

在通货膨胀较严重时,采用消极的货币政策较合适。货币政策调节的对象是货币供应量,即全社会总的购买力,具体表现形式为:流通中的现金和个人、企事业单位在银行的存款。流通中的现金与消费物价水平变动密切相关,是最活跃的货币,一直是中央银行关注和调节的重要目标。

财政赤字:影响国家经济的债务

财政赤字是财政支出大于财政收入而形成的差额,由于会计核算中用红字处理,所以称为财政赤字。它反映了一国政府的收支状况。财政赤字是财政收支未能实现平衡的一种表现,是一种世界性的财政现象。财政赤字即预算赤字,指一国政府在每一财政年度开始之初,在编制预算时在收支安排上就有的赤字。若实际执行结果收入大于支出,为财政盈余。

理论上说,财政收支平衡是财政的最佳情况,在现实中就是财政收支相抵或略有节余。但是,在现实中,国家经常需要大量的财富解决大量的问题,会出现入不敷出的局面。这是现在财政赤字不可避免的一个原因。不过,这也反映出财政赤字的一定作用,即在一定限度内,可以刺激经济增长。在居民消费不足的情况下,政府通常的做法就是加大政府投资,以推动经济的增长,但是这绝不是长久之计。了解会计常识的人知道，赤字的出现有两种情况：一是有意安排，被称为"赤字财政"或"赤字预算"，它属于财政政策的一种；另一种情况，即预算并没有设计赤字，但执行到最后却出现了赤字，也就是"财政赤字"或"预算赤字"。

  赤字财政政策是在经济运行低谷期使用的一项短期政策。在短期内，经济若处于非充分就业状态，社会的闲散资源并未充分利用时，财政赤字可扩大总需求，带动相关产业的发展，刺激经济回升。在当前世界经济增长乏力的条件下，中国经济能够保持平稳增长态势，扩张性赤字财政政策功不可没。从这个角度说，财政赤字是国家宏观调控的手段，它能有效动员社会资源，积累庞大的社会资本，支持经济体制改革，促进经济的持续增长。实际上财政赤字是国家为实现经济发展、社会稳定等目标，依靠国家坚实和稳定的国家信用调整和干预经济，是国家在经济调控中发挥作用的一个表现。

  财政赤字的大小对于判断财政政策的方向和力度是至关重要的。财政政策是重要的宏观经济政策之一，而财政赤字则是衡量财政政策状况的重要指标。因此，正确衡量财政赤字对于制定财政政策具有十分重要的意义。非常遗憾的是，对于如何正确衡量财政赤字，经济学家并没有达成共识。一些经济学家认为，目前通常意义上的财政赤字并不是财政政策状况的一个好指标。这就是说，他们认为按照目前公认的方法衡量的财政赤字既不能准确地衡量财政政策对目前经济的影响，又不能准确地衡量给后代纳

◇ 财政赤字 ◇

一国之所以会出现财政赤字，有许多原因。

有的是为了刺激经济发展而降低税率或增加政府支出。

有的则因为政府管理不当，引起大量的逃税或过分浪费。

当一个国家财政赤字累计过高时，就好像一家公司背负的债务过多一样，对国家的长期经济发展而言，并不是一件好事，对于该国货币亦属长期的利空。

解决方法 → 减少政府支出
　　　　　→ 增加税收

财政赤字对货币的影响 → 一国财政赤字若加大 → 该国货币会下跌
　　　　　　　　　　→ 若财政赤字缩小 → 该国货币会上扬

税人造成的负担。

以美国为例,美国财政部公布的数据显示,在截至6月30日的2008~2009财政年度的前9个月,美国联邦财政赤字首次超过1万亿美元。据奥巴马政府预计,联邦财政赤字到2009年年底将达1.84万亿美元,约占美国国内生产总值的13%,为1945年以来的最高水平。

如果财赤问题不尽早解决,美国经济很难实现可持续发展。美国联邦政府原总审计长戴维·沃克认为,美国面临的最大挑战是政府在财政方面不负责任。研究美国公共债务问题的华盛顿智库布鲁金斯学会经济学家威廉·盖尔担忧,财赤危机一旦到来,对美国经济乃至世界经济的影响将不可估量。

赤字财政政策并不是包治百病的良药。从长期来看,巨额的财政赤字有可能造成通货膨胀加剧、货币贬值,并对国家的主权信用产生不良影响。刺激投资,就是扩大生产能力。实行扩张性政策,有可能是用进一步加深未来的生产过剩的办法来暂时减轻当前的生产过剩。因此,长期扩张积累的后果必然会导致更猛烈的经济危机的爆发。

因此,一国在采取赤字财政政策的时候必须审时度势,十分谨慎,要在促进经济发展的同时,为将来的政策调整留下空间和余地。

怎样让钱生钱，存银行还是投资
——每天学点个人理财知识

存款储蓄：最传统的理财方式

投资理财计划中，一个最重要的环节是储蓄。储蓄这个"积谷防饥"的概念在中国人眼中并不陌生，但在西方国家则不同。以西方国家为例，上一代的人仍知道储蓄的重要，但现在的人只懂得消费，已经忘记了储蓄，美国的人均储蓄率是负数。也就是说，美国人不但没有储蓄，反倒先使未来钱，利用信用卡大量消费，到月底发工资时才缴付信用卡账单，有些更已欠下信用卡贷款，每个月不是缴费，而是偿还债务。

储蓄是一种习惯，是一种积少成多的"游戏"。每个月开始之前先把预定的金额存起来，这对日常生活没有很大的影响；相反，把钱放在口袋里，最后都花掉，连花到哪里也忘记了。

很多人错误地认为，只要好好投资，储蓄与否并不重要。实际上，合理储蓄在投资中是很重要的。储蓄是投资之本，尤其是对于月薪族来说更是如此。如果一个人下个月的薪水还没有领到，这个月的薪水就已经花光，或是到处向人借钱，那这个人就不具备资格自己经营事业。要想成功投资，就必须学会合理地储蓄。

很多人不喜欢储蓄，认为投资可以赚到很多的钱，所以不需要储蓄；有的人认为应该享受当下，而且认为储蓄很难，要受到限制；有的人会认为储蓄的利息没有通货膨胀的速度快，储蓄不合适。然而，事实并不是这样。

首先，不能只通过收入致富，而是要借储蓄致富。有些人往往错误地希望"等我收入够多，一切便能改善"。事实上，我们的生活品质是和收入同步提高的。你赚得愈多，需要也愈多，花费也相应地愈多。不储蓄的人，即使收入很高，也很难拥有属于自己的财富。

其次，储蓄就是付钱给自己。有一些人会付钱给别人，却不会付钱给自己。买了面包，会付钱给面包店老板；贷款时，利息缴给银行，却很难付钱给自己。赚钱是为了今天的生存，储蓄却是为了明天的生活。

我们可以将每个月收入的10%拨到另一个账户上，把这笔钱当作自己的投资资金，然后利用这10%达到致富的目标，利用90%来支付其他费用。也许，你会认为自己每月收入的10%是一个很小的数目，可当你持之以恒地坚持一段时间之后，你将会有意想不到的收获。也正是这些很小的数目成了很多成功人士的投资之源泉。

随着时代的发展，今天的社会与从前发生了很大的变化，许多人没有看到储蓄的任何好处，因为利息低、通货膨胀等因素都实实在在地存在着。从另一个角度来看，选择合理的储蓄方式，能够让优秀的投资者们成为千万富翁，优秀的投资者们可以轻而易举地在银行存折中多出20%或更多的金钱，通货膨胀甚至还会帮助他们。储蓄并不是件一无是处的事情，相反它还会给你带来很多好处。下面我们就来详细地剖析优秀的投资者们一定要储蓄的理由：

1. 持续的储蓄让你积累更多的投资基金

许多投资者都有一个错误的观点，他们认为投资会使自己自然而然地变得越来越富有。然而事实上，这是不可能实现的！也许有的投资者们并不认同这个观点，也许他们会问：为什么投资不一定使自己变得富有呢？因为投资者的投资越多，风险也越大。也有的投资者会这么说："我同意储蓄，但我的方法是每年储蓄一次，把全年需要储蓄的金额一次放到银行里不就行了！"我们不得不说，这种想法也是很难实现的。

2. 储蓄是善待自己的最好方法

说到善待自己，许多投资者也许都会觉得他们正在这么做，他们会每天吃最好的食物、把自己打扮得美丽动人、享受艺术与娱乐带来的休闲乐趣，但这一切在我们看来不过是表面的浮夸罢了。他们都忽视了一点：他们正在持续地付钱给别人，可从来没有付钱给过自己。买了好的食物，他们会付钱给厨师或食品店老板；打扮自己，他们会付钱给美容院和理发师；享受艺术与娱乐带来的乐趣，他们会付钱给电影院和酒吧……

但是投资者们什么时候付钱给过自己？在你们的生活中，自己的地位应该不亚于厨师、理发师和电影院老板吧！

优秀的投资者们应该付钱给自己，而这正是通过储蓄来实现的。每个月将收入的一部分（可能是10%或者15%）存入自己的账户，这样一来，投资者们就可以利用这笔钱达到致富的目标。这样做以后，你们将会发现：是用收入的全部还是90%或85%来支付生活所需的费用，而后者让投资者们还拥有了10%或15%的储蓄。

3. 积累原始资本

储蓄还能够帮助投资者进行原始资本的积累。投资者可以用固定的一部分收入来进行这种资本的投入。假设这部分资本金的固定额度是家庭总收入的10%，那么投资者应该如何累计这部分资本呢？首先，投资者需要开设一个存储账户，每个月月初，将收入的10%存入这个账户；要把持住自己，任何时候都不要轻易动用这个账户里的钱；找到适当的机会，用这个账户里的钱进行投资；当这个账户里的金额越来越多时，投资者将得到更多的投资机会和安全感。

◇ 存款时需要考虑的问题 ◇

基金：安全而又稳定的投资

在物价持续涨而不落的大背景下，越来越多的人开始投资基金，把自己积攒多年的存款拿出来交给基金专家打理。这种投资方式比股票投资稳定得多。

在所有的投资项目中，利润与风险都是成正比的：炒股获利最多，但风险最大；储蓄获利较少，但风险也最小。如果把股票与储蓄的优势集中在一起，采取"取长补短"的形式，就形成基金的优势了。

说起基金市场，它在我国存在的年头虽然不长，但是已经有了巨大的发展。基金是指通过发售基金份额，将众多投资人的资金集中起来，形成独立财产，由基金托管人托管，基金管理人管理，是一种实行组合投资、专业管理、利益共享、风险共担的集合投资方式。通俗地说，就是将投资大众的闲散资金交由专家管理，由他们凭专业知识进行专业理财。如果赚钱了，则剔出相关的费用后，按份额将赢利以不低于90%的比例对投资人进行分配，而且依目前的法律必须用现金分配；如果亏损了，投资人按份额承担损失。

基金的出现标志着金融业的成熟。它由于自身的优势，越来越引起广大投资人的关注。现在，许多投资人因为高风险而不欣赏股票，又因低收益而不喜欢储蓄。基金刚好能够综合前两者的优势，于是很快国内就掀起了一阵购买基金的热潮。

陈先生是个有名的车迷,很早以前就有买车的想法。从动了念头的那天开始,他便学开车、拿驾照、逛车市、看车展。总之,只要是和车有关系的,他都会关注。

原本,这是件家人都大力支持的事情,可是家里经费紧张,就一而再、再而三地往后推,总也买不成。这买车的事就成了陈先生的一个心病。

直到去年,事情才有了转机,当时股市开始走牛,他有很多朋友都靠基金赚了钱。他想:买车为什么不试试投资基金?于是他立刻行动起来。

他发现当时南方高增的行情非常看好,立刻就投入了2万。果然,不长时间,他的钱就到了5万元,见到收获颇丰,他立即又买了几只当时比较好的基金,如中邮核心、嘉实300等。在过了不到三年的时间里,就基本凑足了买车的钱。随后,陈先生就拿着钱,兴高采烈地跑到车展会上选购了一台心仪已久的车。他逢人便说:"这回咱也是有车族啦!"

投资基金使陈先生成为有车族,实现了他的财富梦想。当我们的资产略有剩余时,为求安全保障,将自己积攒多年的银行存款拿出来交给基金专家打理,不失为一种良好的投资理财方式。与股票、债券、定期存款、外汇等理财工具一样,投资基金也为投资者提供了一种投资渠道。那么,与其他的投资工具相比,投资基金具有哪些好处呢?

◇ 投资基金前先问自己三个问题 ◇

投资基金前，投资者对于以下这三个方面应予以认真考虑，这要比投资者在其他的投资类刊物上读到的任何信息都重要。

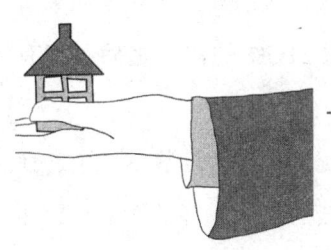

在你确实打算要进行投资之前，应该首先考虑购买一套房子，毕竟买房子是一项几乎所有人都能够做得相当不错的投资。虽然也存在例外的情况，但在99%的情况下购买一套房子是能够赚钱的。

如果手中有不急用的闲钱，可以委托基金管理公司的专家来理财，可达到轻松投资、事半功倍的效果。

在投资市场的投资资金只能限于你能承受得起的损失数量，即使这笔损失真的发生了，在可以预见的将来也不会对你的日常生活产生任何影响。

具体来说，投资基金的好处体现在几大方面：

其一，稳定的投资回报。举个例子，在1965年到2005年的41年的时间里，"股神"巴菲特管理的基金资产年平均增长率为21.5%。当然，对于很多熟悉股市的投资人而言，一年21.5%的收益率可能并不是高不可攀。但问题的关键是，在长达41年的周期里能够持续取得21.5%的投资回报，按照复利计算，如果最初有1万元的投资，在持续41年获取21.5%的回报之后，拥有的财富总额将达到2935.13万元。

其二，基金具有专业理财的强大优势。有统计数据显示，在过去的十几年时间里，个人投资者赚钱的比例占有不到10%，而90%以上的散户投资都是亏损的。正是在这种背景下，基金的专业理财优势逐步得到市场的认可。将募集的资金以信托的方式交给专业机构进行投资运作，既是证券投资基金的一个重要特点，也是它的一个重要功能。

其三，基金具有组合投资与风险分散的优势。根据投资专家的经验，要在投资中做到起码的分散风险，通常要持有10只左右的股票。然而，中小投资人通常没有时间和财力去投资10只以上的股票。如果投资人把所有资金都投资于一家公司的股票，一旦这家公司破产，投资人便可能尽失其所有。而证券投资基金通过汇集众多中小投资人的小额资金，形成雄厚的资金实力，可以同时把投资人的资金分散投资于各种股票，使某些股票跌价造成的损失可以用其他股票涨价的赢利来弥补，分散投资风险。

其四，在生活质量的提升和财富的增长之间形成良性循环。在海外，往往越富裕的群体投资基金的比例越高，而且持有期限越长，甚至是一些商场高手或颇具投资手段的大企业领导人也持有大量的基金资产。在他们看来，自己并不是没有自己管理财富的能力。但相比之下，他们更愿意享受专业分工，把财富交给基金公司这样的专业机构管理虽然要支付一定的费用，但却可以取得一定程度超越市场平均水平的回报。

基金投资日渐成为很多人的首要理财方式。如果你没有足够时间打理你的现金资产；你没有充分的金融投资知识；你没有大量精力关注股票，而你又期望得到长期稳定的收益……就投资基金吧！投资基金会让你从小风险中收获大回报。

股票投资：选择一只成长股

股票是成就财富梦想的一种有效的致富渠道，更是一种让人心跳加速的理财方式。也许你昨天不名一文，今天却一夜暴富；也许你昨天身家百万，今天却一贫如洗。这就是股票的魅力，它的变现性强，投机性大，风险也最大。

然而，纵然股票有如此大的风险，还是获得了很多投资人的青睐。尤其是随着我国经济的稳步发展，投资股票的人越来越多，股票投资已成为普通百姓的最佳投资渠道之一。

投资实践中，为什么越来越多的人对股票投资青睐有加呢？

股票投资同其他投资项目比起来有很多优势：

其一，股票作为金融性资产，是金融投资领域中获利性最高的投资品种之一。追求高额利润是投资的基本法则，没有高利润就谈不上资本扩张，获利性是投资最根本的性质。人们进行投资，最主要的目的是获利。获利越高，人们投资的积极性就越大；获利越少，人们投资的积极性就越小。如果某一种投资项目根本无利可图，人们即使让资金闲置，也不会将资金投入其中。当然这里所说的获利性是一种潜在的获利性，是一种对未来形势的估计。投资人是否真能获利，取决于投资人对投资市场和投资品种未来价格走势的预测水平和操作能力。

其二，股票投资的可操作性极强。在金融性投资中，股市的可操作性最强，不仅手续简便，而且时间要求不高，专职投资人可以一直守在证券交易营业部，非专职股民则比较灵活，一个电话即可了解股市行情，进行买进卖出，有条件的投资人还可以直接在家里或在办公室的网上获知行情。而且投资于股票几乎没有本钱的限制，几千元就可以进入股市。在时间上完全由投资人个人说了算，投资人可以一直持有自己看好的股票，不管持有多长时间都可以，炒股经验一旦学到手便可以终生受益。

无数实践证明，炒股票光凭运气可能获得于一时，但不可能获得于长久，更不可能获得于最后。面对险象环生的股市，投资者不仅要有勇气、耐心和基本知识，而且要有投资的技巧和策略。以下就介绍几种股票投资的策略，希望对你的股票交易有所帮助。

第一，顺势投资。顺势投资是灵活的跟"风"、反"零股交易"的投资股票技巧，即当股市走势良好时，宜做多头交易，反之做空头交易。但顺势投资需要注意的一点是，时刻注意股价上升或下降是否已达顶峰或低谷，如果确信真的已达此点，那么做法就应与"顺势"的做法相反，这样投资人便可以出其不意而获先见之"利"。投资人在采用顺势投资法时应注意两点：一是否真涨或真跌；二是否已到转折点。

第二，"拔档子"。采用"拔档子"的投资方式是多头降低成本、保存实力的操作方法之一。也就是投资人在股价上涨时先卖出自己持有的股票，等价位有所下降后再补回来的一种投机技巧。"拔档子"的好处在于可以在短时间内赚得差价，使投资人的资金实现一个小小的积累。

"拔档子"的目的有两个：一是行情看涨卖出、回落后补进；二是行情看跌卖出、再跌后买进。前者是多头推进股价上升时转为空头，希望股价下降再做多头；后者是被套的多头或败阵的多头趁股价尚未太低抛出，待再降后买回。

第三，保本投资。保本投资主要用于经济下滑、通货膨胀、行情不明时。保本即投资人不想亏掉最后可获得的利益。这个"本"比投资人的预期报酬要低得多，但最重要的是没有"伤"到最根本的资金。

第四，摊平投资与上档加码。摊平投资就是投资人买进某只股票后发现该股票在持续下跌,那么,在降到一定程度后再买进一批,这样总平均买价就比第一次购买时的买价低。上档加码指在买进股票后,股价上升了,可再加码买进一些,以使股数增加,从而增加利润。

上档加码与摊平投资的一个共同特点是:不把资金一次投入,而是将资金分批投入,稳扎稳打。摊平投资一般有以下几种方法:

一是逐次平均买进摊平。即投资人将资金平均分为几份,一般至少是三份,第一次买进股票只用总资金的 1/3。若行情上涨,投资人可以获利;若行情下跌了,第二次再买,仍是只用资金的 1/3,如果行情升到第一次的水平,便可获利。若第二次买后仍下跌,第三次再买,用去最后的 1/3 资金。一般说来,第三次买进后股价很可能要升起来,因而投资人应耐心等待股价回升。

二是加倍买进摊平。即投资人第一次买进后行情下降,则第二次加倍买进,若第二次买进后行情仍旧下跌,则第三次再加倍买进。因为股价不可能总是下跌,所以加倍再买一次到两次后,通常情况下股票价格会上升的,这样投资人即可获得收益。

第五,"反气势"投资。在股市中,首先应确认大势环境无特别事件影响时,可采用"反气势"的操作法,即当人气正旺、舆论一致看好时果断出售;反之果断买进,且越涨越卖,越跌越买。

"反气势"方法在运用时必须结合基本条件。例如,当股市

◇ 如何选择适合自己的股票 ◇

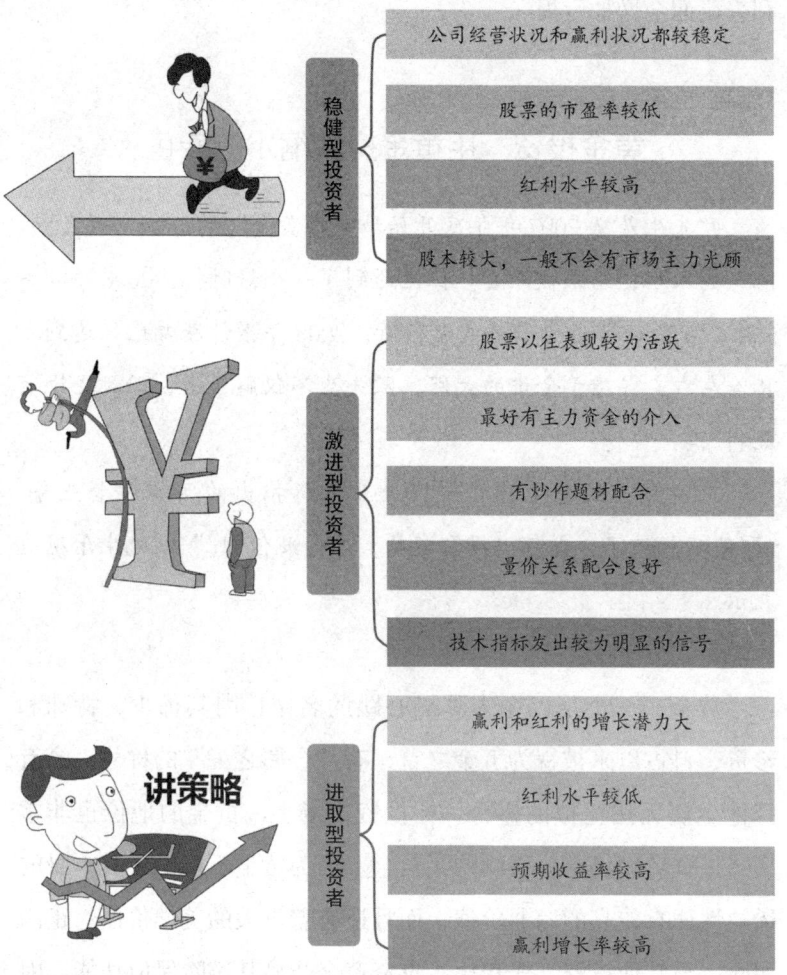

稳健型投资者
- 公司经营状况和赢利状况都较稳定
- 股票的市盈率较低
- 红利水平较高
- 股本较大，一般不会有市场主力光顾

激进型投资者
- 股票以往表现较为活跃
- 最好有主力资金的介入
- 有炒作题材配合
- 量价关系配合良好
- 技术指标发出较为明显的信号

进取型投资者
- 赢利和红利的增长潜力大
- 红利水平较低
- 预期收益率较高
- 赢利增长率较高

由于股票市场是一个高风险的市场，投资者往往追求高收益而忽略其风险因素，所以我国的大部分投资者都属于激进型和进取型。

长期低迷、刚开始放量高涨时,你只能追涨;而长期高涨,则开始放量下跌时,你只能杀跌。否则,运用"反气势"不仅不赢利,反而会增加亏损。

黄金投资：用黄金挽救缩水的钱包

欧先生是从 2007 年年底开始炒"纸黄金"的。2008 年年初,他追高入市,结果被深套。但他遇到了一个好时机,2008 年 4～5 月,黄金行情走出了一波大行情,2008 年累计涨幅已经达到了 40% 左右。得益于金价的大涨,欧先生不仅解了套,而且还小有赢利。

2009 年,欧先生打算转战兴业银行推出的实物黄金业务。"即使不想炒了,也可以提取实物,不会贬值啊。"欧先生乐观地表示。

黄金,一个足以令人耳热心跳的名字！因其稀少、特殊和珍贵,自古以来被视为五金之首,有"金属之王"的称号,享有其他金属无法比拟的盛誉。在投资市场上,黄金的地位也非常高,投资者们仍十分喜欢购买黄金。因为黄金不仅由于其本身的稀缺性而有较高的商业价值,而且还有着重大的美学价值。正因如此,与其他投资方式相比,投资黄金凸显其避险保值功能。因此,投资黄金成为一种稳健而快捷的投资方式。

1. 黄金投资基本无风险

黄金投资是使财产保值增值的方式之一。黄金的保值增值功能主要体现在它的世界货币地位、抵抗通货膨胀及政治动荡等方面。黄金可以说是一种没有地域及语言限制的国际公认货币。也许有人对美元或港币会感到陌生，但几乎没有人不认识黄金。世界各国都将黄金列为本国最重要的货币之一。

黄金代表着最真实的价值——购买力。即使是最坚挺的货币也会因通货膨胀而贬值，但黄金却具有永恒的价值。因此，几乎所有的投资人都将黄金作为投资对象之一，借以抵抗通货膨胀。黄金之所以能够抵抗通货膨胀，主要是因为它具有高度的流通性，全球的黄金交易每天24小时进行，黄金是最具流通能力的资产。除此之外，黄金还有另一个受人青睐的特性：黄金在市场上自由交易时，其价格可与其他财物资产的价格背道而驰。事实证明，黄金的价格与其他投资工具的价格是背道而驰的，与纸币的价值也是背道而驰的。

黄金不仅是抵抗通货膨胀的保值工具，而且还可对抗政治局势的不稳定。历史上许多国家在发生革命或政变之后，通常会对货币的价值重新评估，但不管发生了多么严重的经济危机或政治动荡，黄金的价值是不会降低的，通常还会升高。

2. 黄金不会折旧

无论何种投资，主要目的不外乎是使已拥有的财产保值或增值，即使不能增值，最基本的也应维持在原有价值水平上。如果财产价值逐渐减少的话，就完全违背了投资的目的。最符合这种标准的莫过于黄金了。

3. 黄金是通行无阻的投资工具

只要是纯度在 99.5% 以上，或有世界级信誉的银行或黄金运营商的公认标志与文字的黄金，都能在世界各地的黄金市场进行交易。

4. 黄金是投资组合中不可缺少的工具

几乎所有的投资理论都强调黄金投资的重要性，认为在投资组合中除拥有股票及债券等外还必须拥有黄金。特别是在动荡不安的年代，众多的投资人都认为只有黄金才是最安全的资产。由于害怕其他财物资产会因通货膨胀等而贬值，人们都一致把黄金作为投资组合中不可缺少的部分。

5. 黄金也是一种艺术品

目前我国黄金市场上的金条、金砖都已经工艺化、艺术化了，金条、金砖的外部构图，都可以说是精美绝伦的。

目前市场上的黄金品种主要有：黄金的实物交易、纸黄金交易、黄金现货保证金交易、黄金期货这四种。那么究竟哪种适合自己，还要看个人的偏好及对黄金市场的了解程度。具体介绍如下。

（1）黄金的实物交易

顾名思义，是以实物交割为定义的交易模式，包括金条、金币，投资人以当天金价购买金条，付款后，金条归投资人所有，

◇ 个人投资者三步参与黄金期货 ◇

无论做什么投资，前期准备过程都是十分重要的，那么，个人投资黄金期货应该分为哪些步骤呢？

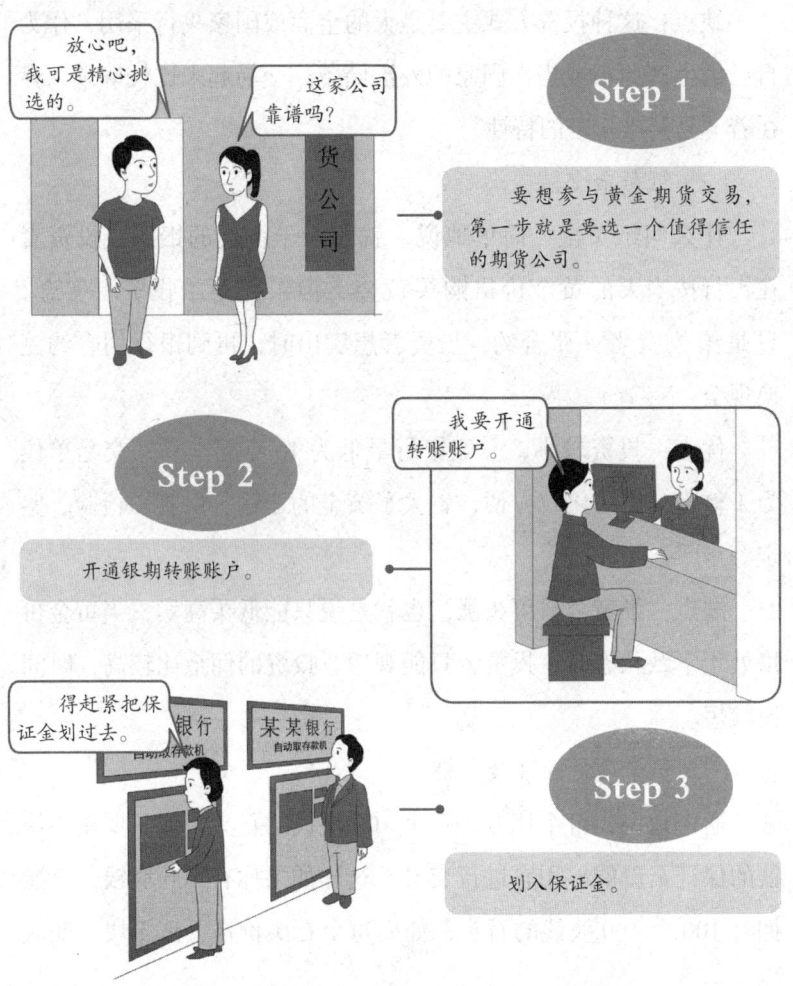

由投资人自行保管；金价上涨后，投资人携带金条，到指定的收购中心卖出。

优点：黄金是身份的象征，古老传统的思想让国人对黄金有着特殊的喜好，广受个人藏金者青睐。

缺点：这种投资方式主要是大的金商或国家央行采用，作为自己的生产原料或当作国家的外汇储备。交易起来比较麻烦，存在着"易买难卖"的特性。

（2）纸黄金交易

什么叫纸黄金？简单地说，就相当于古代的银票！投资者在银行按当天的黄金价格购买黄金，但银行不给投资者实金，只是给投资者一张合约，投资者想卖出时，再到银行用合约兑换现金。

优点：投资较小，一般银行最低为10克起交易，交易单位为1整克，交易比较方便，省去了黄金的运输、保管、检验、鉴定等步骤。

缺点：纸黄金只可买涨，也就是说只能低买高卖，当黄金价格处于下跌状态时，投资者只能观望。投资的佣金比较高，时间比较短。

（3）黄金现货保证金交易

通俗地说，打个比方，一个100块钱的石头，你只要用1块钱的保证金就能够用它进行交易，这样如果你有100块钱，就能拥有100个100块钱的石头，如果每个石头价格上涨1块，变成

101块,你把它们卖出去,这样你就净赚100块钱了。保证金交易,就是利用这种杠杆原理,把资金放大,可以充分利用有限资金来以小博大。

(4)期货黄金

现货黄金交易基本上是既期交易,在成交后即交割或者在数天内交割。期货黄金交易的主要目的为套期保值,是现货交易的补充,成交后不立即交易,而由交易双方先签订合同,交付押金,在预定的日期再进行交割。主要优点在于以少量的资金就可以掌握大量的期货,并事先转嫁合约的价格,具有杠杆的作用。黄金期货风险较大,对专业知识和大势判断的能力要求较高,投资者要在入市前做足功课,不要贸然进入。

保险:以小博大的保险理财

说起保险,经常会有人说:"好好的,买什么保险!即使生病了,我不每月都有工资吗?几年下来存的钱也够应付'飞来横祸'了,所以我根本用不着买保险!"

事实是这样吗?是的,你工作了五年,努力攒下了50万元,可是你能保证这50万元能够支付你或者家人的突发疾病?你能保证这50万元能够让你应对事业上的进退维谷?……退一万步讲,即使利用这50万元能够应对一切难料之事,然而,当这50万元花完之后,你还拿什么来养活自己和家人,保证生活品质的

◇ 选择合适的险种，投保人应从哪些因素考虑 ◇

现在人们的保险意识越来越强，然而众多的保险险种让人眼花缭乱。那如何选择险种呢？下面介绍选择险种的考虑因素：

适应性：投保要根据自己或家人需要保障的范围来考虑。

经济支付能力：买寿险是一项长期性的投资，每年的保费开支必须取决于自己的收入能力。

选择性：在经济能力有限的情况下，为成人投保比为独生子女投保更实际，因为作为家庭的"经济支柱"，其生活的风险总体上要比小孩高。

一如既往？

　　实际上，世界上只有一种人是可以不用买保险的，就是一生之中永远有体力、有精力赚钱，同时不生病、不失业的人。当然，还得家里人都不生病，房子不会遭水、遭贼，不开车，或是车不会被剐蹭、被盗抢，等等。

　　你是这一种人吗？如果不是，那就赶紧加入保险投资的大军吧！

　　如果我们把理财的过程看成是建造财富金字塔的过程，那么买保险就是为金字塔筑底的关键一步。很多人在提起理财的时候往往想到的是投资、炒股，其实这些都是金字塔顶端的部分，如果你没有合理的保险做后盾，那么一旦自身出了问题，比如失业、生大病，我们的财富金字塔就会轰然倒塌。没有保险，一人得病，全家致贫。如果能够未雨绸缪，一年花上千八百块钱，真到有意外的时候可能就有一份十几万、几十万的保单来解困，何乐而不为呢？

　　如今买保险也像进超市一样，品种五花八门，有的似乎还看不懂。你买保险了吗？随着人们保险意识的提升，这句问候语逐渐流行，保险已经不仅仅是一个消费品，品种更加多元化，集投资与保障于一体。不同的人对于保险的观念与需求是大不相同的。

1. 60多岁的人群：增强买保险的意识

　　人生步入了老年，风险承受能力开始逐步降低。在这个阶段里,购买保险是非常必要的,它可以为老年生活降低风险的侵袭。因此在这个阶段里,增强买保险的意识尤为重要。

李老伯和刘阿姨是国企退休职工,现在住在单位分的职工家属楼,如今他们二人都已经退休了,每个月工资总共也有五六千元,子女都已经成家立业,而且没有什么经济压力。二老决定跟儿子一起住,于是将老城区那套房出租,另外买了一套新房,就在儿子隔壁。李老伯说自己既享受公费医疗,又有退休金,现在和老伴每个人一个月退休金有两三千元,并且夫妻俩身体都很硬朗,他们觉得每年花上千元的钱来购买保险完全没必要。还不如把钱花在平时,吃得好一点,保养身体比什么都重要。

不过,相比城市退休老人来说,农村老人就更加不会有买保险的意识,农村的王阿姨说,自己一辈子在家务农,儿女在外地工作,近几年才有了农村社保。王阿姨说,以前什么保障都没有,大家不也都安度晚年了吗?况且,本来经济就不宽裕,又怎么舍得花钱买保险?花钱来买保险哪里有养儿防老靠得住?

2. 40岁~50岁:没保险自己也要买保险

20世纪60~70年代出生的人正是当前社会的中流砥柱。赵先生是20世纪70年代生人,经营了一家医疗机械制药厂,生意在国内做得十分红火。早在5年前,赵先生不仅为自己和太太购买了寿险和重大疾病险,还为自己4岁的儿子买了一份教育金保险。

　　赵先生说，自己做生意的不同于在企事业单位工作的，没有社保，只能自己买保险，再说做生意风险大，也不敢打包票说工厂能一直维持下去，一旦将来有什么意外，有份保险还是踏实一些，即便将来退休了，也有个保障。

　　除了做生意的人之外，就是单位福利待遇较好、社保齐全的情况下，一些人也开始未雨绸缪。有个事业单位的职员说："医疗费用太高，一旦生了大病，社保可能不够，所以我额外买了重大疾病保险。"

3."80后"：各类费用高，主动买保险

　　"80后"们正处于事业起步阶段，因此经济条件普遍不算宽裕。"尽管我们大学毕业，但工资也只有5000元，这在北京属于中等水平。"小黄每年花1000元为自己购买了健康保险。

　　"80后"普遍受到了科学的理财观念的影响，并且一般受到了比较好的教育，因此对于投资保险来说，观念还是比较跟得上时代发展的。他们认为，小的投入可以为自己增添一份保障，保险是非常必要的。

　　如果你和家人的健康能够得到很好的保障，你们的财产能够得到充分的保护，生活也就轻松很多了。保险，就是这样一个理财工具，它为你的生活提供更多的保障，带来更大的改变。